30 x kreatives Schreiben

für 45 Minuten

Ausgearbeitete Stunden mit Kopiervorlagen

Klasse 1/2

Verlag an der Ruhr

Impressum

Titel
30 x kreatives Schreiben für 45 Minuten – Klasse 1/2
Ausgearbeitete Stunden mit Kopiervorlagen

Autorin
Nina Wilkening

Titelbildmotive
Bleistift: © drubig-photo – Fotolia.com; Uhr-Icon, Notizzettel: © Verlag an der Ruhr; alle anderen Illustrationen: © Anja Boretzki

Illustrationen im Innenteil
soweit nicht anders angegeben: © Verlag an der Ruhr

Druck
AZ Druck und Datentechnik GmbH, Kempten, DE

Geeignet für die Klassen 1–2

ISBN 978-3-8346-3565-5

Inhaltsverzeichnis

Vorwort

Liebe Leser*,

Schreiben macht Spaß! Dies können Kinder bereits nach wenigen Wochen in der Schule erfahren – wenn man sie nur lässt! Wer seinen Erstklässlern eine Anlauttabelle zur Verfügung stellt und sie mit deren Umgang vertraut macht, wird erstaunt zusehen können, wie die Kinder immer häufiger übersprudeln vor Geschichten, die sie zu Papier bringen wollen.
Wer eine andere Art des Lese-Schreiblehrgangs bevorzugt, kann vielleicht nicht unmittelbar nach den ersten Schulwochen, aber doch noch im ersten Schulhalbjahr mit dem kreativen Schreiben beginnen. Für beide Gruppen gilt jedoch, dass die Kinder voller Begeisterung loslegen und tolle Schreibprodukte entstehen. Es lohnt sich, diesen Weg zu gehen und regelmäßig, kreative Schreibphasen in den Unterricht einzubauen.

Zum Einsatz des Buches

Dieses Buch bietet Ihnen 30 komplett ausgearbeitete Stundenentwürfe, die Sie nur noch unterrichten müssen (nachdem Sie allerdings die passenden Kopiervorlagen in Klassenstärke kopiert und eventuelle Zusatzmaterialien bereitgestellt haben).

Die Vorbereitung dauert meist nicht länger als fünf Minuten, sodass sich die Stunden auch als Vertretungsstunden anbieten. Auch für einen Einsatz in Randstunden, z. B. kurz vor den Ferien, wenn Sie eine Einheit abgeschlossen haben und keine neue mehr beginnen möchten, eignen sich die Stunden gut, da sie in sich geschlossen sind. Einige Stunden bieten sich auch in Verbindung mit sachunterrichtlichen Themen an, wenn Sie fächerverbindend oder in Werkstätten arbeiten.

Zum Aufbau des Buches

Da in Klasse 1 meist noch wenig selbst geschrieben wird, habe ich 10 Stundenentwürfe für Klasse 1 und 20 Stundenentwürfe für Klasse 2 ausgearbeitet. Sie können aber selbstverständlich Entwürfe aus Klasse 2 vorziehen, wenn Ihre Kinder bereits in der ersten Klasse viel Spaß am kreativen Schreiben zeigen und die Aufgaben bewältigen können. Ebenso ist es legitim, Inhalte aus der ersten Klasse in der zweiten Klasse einzusetzen.
Zu jedem Stundenentwurf finden Sie Angaben zum Thema, zu den benötigten Materialien sowie den detaillierten Stundenverlauf mit Zeitangaben und in der Regel zwei Kopiervorlagen zum sofortigen Einsatz.

Ich wünsche Ihnen und Ihren Kindern viel Spaß mit „30 x kreatives Schreiben für 45 Minuten – Klasse 1/2"!

Nina Wilkening

* Aus Gründen der besseren Lesbarkeit haben wir in diesem Buch durchgehend die männliche Form verwendet. Natürlich sind damit auch immer Frauen und Mädchen gemeint, also Lehrerinnen, Schülerinnen etc.

Klasse 1

1. Buchstaben-Geschichten

Darum geht's

Wörter zu Buchstaben erfinden

Das bereiten Sie vor

- Legen Sie pro Gruppe (3–5 Kinder) ein großes Stück Packpapier (Plakat) bereit.
- Schreiben Sie in die Mitte von jedem Plakat einen Buchstaben, den die Kinder schon kennen.

Stundenverlauf

Die Stunde ist für Erstklässler im ersten Halbjahr gedacht, wenn diese selbst noch nicht schreiben können. Wenn Sie mit einer Anlauttabelle arbeiten, können Sie die Stunde so modifizieren, dass die Kinder alleine ihre Geschichten aufschreiben.

1. Einstieg (10 Minuten)

Schreiben Sie einen Buchstaben, den die Schüler schon kennen, an die Tafel. Sie können entweder einen Buchstaben wählen, den Sie nicht auf ein Plakat geschrieben haben, oder Sie nehmen den Buchstaben, den Sie für eine leistungsschwache Gruppe ausgewählt haben. Fordern Sie die Schüler auf, Ihnen Wörter zu nennen, die mit diesem Buchstaben beginnen.
Schreiben Sie die Wörter, wie bei einer Mind-Map, um den Buchstaben herum. Sie können auch einzelne Begriffe in Bildern festhalten. Teilen Sie die Klasse in Gruppen mit 3–5 Schülern ein.

2. Arbeitsphase (25 Minuten)

Die Schüler arbeiten in Gruppen und schreiben Wörter bzw. malen Bilder zu Wörtern, die mit dem Buchstaben, der auf ihrem Plakat steht, beginnen.
Unterbrechen Sie die Phase nach ca. 15 Minuten. Fordern Sie die Schüler auf, sich ihre Bilder und Wörter anzusehen und sich dazu eine Geschichte auszudenken, in der möglichst viele der Bilder/Wörter vorkommen.
Wenn eine Gruppe ihre Geschichte beendet hat, kommt sie zu Ihnen.
Lassen Sie sich die Geschichte erzählen und schreiben Sie sie auf. Dies kann auch noch während der Abschlussphase oder im Nachhinein geschehen.
Gruppen, die Ihnen die Geschichte erzählt haben, finden entweder weitere Wörter/Bilder oder erfinden eine neue Geschichte.

3. Abschluss (10 Minuten)

Treffen Sie sich mit den Schülern im Sitzkino vor der Tafel. Hängen Sie das Plakat der ersten Gruppe an die Tafel. Bitten Sie die Schüler dieser Gruppe nach vorne. Hier stellen sie ihr Plakat vor und erzählen/lesen ihre Geschichte selbst. Verfahren Sie so mit allen Gruppen. Hängen Sie abschließend die Plakate zusammen mit den aufgeschriebenen Geschichten im Klassenzimmer auf.

2. Fantasiewörter aus Silben

Darum geht's

Schreiben und Malen zu Fantasiewörtern

Das bereiten Sie vor

- Stellen Sie Silbenkarten her, die Sie mit je einer Silbe, die Ihre Kinder schon kennen, beschriften. Pro Kind sollten drei Silbenkarten zur Verfügung stehen.
- Bewahren Sie die Silbenkarten in einem kleinen Säckchen auf.

Stundenverlauf

1. Einstieg (10 Minuten)

Treffen Sie sich mit den Kindern im Sitzkreis. Bitten Sie die Schüler, Ihnen alle Silben zu nennen, die sie schon kennen und halten Sie diese schriftlich an der Tafel fest. Nehmen Sie das kleine Säckchen zur Hand und lassen Sie drei Schüler je eine Silbenkarte ziehen.
Bitten Sie diese drei Schüler, sich nebeneinanderzustellen und die Silbenkarten so zu halten, dass sie ein neues (Fantasie)wort ergeben. Schreiben Sie dieses Wort an die Tafel. Bitten Sie die drei Schüler, ihre Plätze zweimal zu tauschen. Schreiben Sie auch die beiden anderen (Fantasie)-wörter an die Tafel.
Fordern Sie die Schüler auf, zu überlegen, was diese Wörter wohl bedeuten könnten.

E	LE	FANT

LE	FANT	E

FANT	E	LE

2. Arbeitsphase (25 Minuten)

Jeder Schüler zieht drei Silbenkarten aus dem Säckchen, begibt sich an seinen Platz und kreiert aus den Silbenkarten ein neues (Fantasie)wort. Zu diesem Wort schreibt der Schüler ein paar Sätze oder eine Geschichte auf.
Wenn Ihre Schüler noch nicht alleine schreiben können, können sie zum (Fantasie)wort auch malen.
Schüler, die schnell mit dieser Aufgabe fertig sind, können sich weitere (Fantasie)wörter ausdenken und dazu schreiben oder malen.

3. Abschluss (10 Minuten)

Treffen Sie sich mit den Schülern im Sitzkreis. Jeder bringt seine Aufzeichnungen mit.
Bitten Sie die Schüler, nacheinander vorzustellen, welche (Fantasie)wörter sie kreiert und was sie dazu geschrieben bzw. gemalt haben.

3. Wald-Geschichten

Darum geht's

Freies Schreiben zum Thema „Wald"

Das bereiten Sie vor

- Vervielfältigen Sie die Kopiervorlage „Meine Wald-Geschichte" (S. 9) in Klassenstärke.
- Optional: Sammeln Sie Naturmaterialien aus dem Wald je nach Jahreszeit: Blätter, Baumfrüchte wie Eicheln, Kastanien im Herbst; Veilchen im Frühling etc.

Stundenverlauf

1. Einstieg (10 Minuten)

Wenn Sie Naturmaterialien parat haben sollten, treffen Sie sich mit den Schülern in einem Sitzkreis und geben diese Materialien herum. Die Schüler sollen sie ertasten und an ihnen riechen, sie mit möglichst vielen Sinnen wahrnehmen. Bitten Sie die Schüler, alles aufzuzählen, was ihnen zum Thema „Wald" einfällt. Halten Sie die Schüleräußerungen als Mind-Map fest. Schreiben Sie dazu das Wort WALD an die Tafel und kreisen Sie es ein. Nach einer Schüleräußerung ziehen Sie einen Strich weg vom Kreis und schreiben ein Wort, das die Schüleräußerung zusammenfasst, ans Ende des Striches. Kreisen Sie auch dieses Wort ein. Verfahren Sie so mit weiteren Äußerungen. Die Wörter in den Kreisen sind wie Oberbegriffe (z. B. Baum), die durch weitere passende Unterbegriffe (z. B. Buche, Eiche, Stamm, Ast) ergänzt werden können. Ziehen Sie für jeden Unterbegriff einen Strich vom Oberbegriffskreis weg, schreiben Sie den Unterbegriff auf und umkreisen ihn. So entsteht ein Netz mit vielen Verzweigungen.

Leiten Sie zur Arbeitsphase über und erklären Sie den Schülern, dass sie im Anschluss etwas zum Thema Wald schreiben sollen. Dies können …

- Geschichten (eigene Erlebnisse, die die Schüler im Wald gemacht haben) oder
- Fantasiegeschichten (die von Tieren oder Waldfeen handeln) sein.

Die Schüler wählen selbst, was sie schreiben und ob sie alleine, mit einem Partner oder in der Gruppe schreiben möchten.
Wenn Sie diese Stunde zu Beginn der 1. Klasse durchführen, ist es auch schon eine große Leistung, wenn die Kinder „nur" einzelne Waldwörter aufschreiben und diese evtl. mit Bildern versehen.

2. Arbeitsphase (25 Minuten)

Die Schüler fertigen ihr Schreibprodukt an. Schüler, die mit dem Schreiben schnell fertig sind, malen passend dazu.

3. Abschluss (10 Minuten)

Treffen Sie sich im Stuhlkreis. Je nach Zeit und Lesefähigkeit können Sie die Schüler der Reihe nach bitten, ihre Schreibprodukte vorzulesen. Falls die Schüler noch nicht selbst lesen können, übernehmen Sie das Vorlesen und die Kinder zeigen ihre Ergebnisse (Schreibblätter/Bilder) dazu.

Meine Wald-Geschichte

Name: ....

4. Adventskalender-Akrostichon

Darum geht's

Ein Akrostichon zum Namen eines Kindes aus der Klasse schreiben

Das bereiten Sie vor

- Stellen Sie pro Schüler einen kleinen Zettel bereit, auf dem die Schüler ihre Namen schreiben können.
- Legen Sie einen Umschlag zum Aufbewahren der Namenszettel bereit.
- Vervielfältigen Sie die Kopiervorlage „Mein Akrostichon für dich!" (S. 12) im Klassensatz und Zusatzexemplare (ca. halber Klassensatz).

Stundenverlauf

1. Einstieg (10 Minuten)

Verteilen Sie die kleinen Zettel an die Schüler und bitten Sie diese, ihren Namen daraufzuschreiben.
Sammeln Sie die Zettel anschließend ein und bewahren Sie diese in dem Umschlag auf.
Fordern Sie die Schüler auf, positive Eigenschaften, die eine Person haben kann, aufzuzählen. Am besten denken die Schüler an ihre Freunde. Notieren Sie die Schüleräußerungen stichwortartig an der Tafel (freundlich, hilfsbereit, sportlich usw.).
Erklären Sie den Schülern, was ein Akrostichon ist, indem Sie Ihren eigenen Namen an die Tafel schreiben und die Schüler auffordern, das Akrostichon mit Eigenschaften für Sie zu füllen. Es genügt, wenn Sie für zwei bis drei Buchstaben Eigenschaften finden.
Alternativ können Sie auch einige Beispielbuchstaben eines Akrostichon, das Sie zuvor erstellt haben (z. B. für das Klassentier, eine literarische Figur aus einem Buch …) an die Tafel schreiben.

Leiten Sie zur Arbeitsphase über und erklären Sie den Schülern, dass in diesem Schuljahr jeder Schüler aus dem Adventskalender ein Akrostichon für seinen Namen als Geschenk erhalten soll. Jeder Schüler wird für einen anderen Schüler schreiben. Natürlich sollen nur nette Sachen geschrieben werden!
Wer für wen schreibt, entscheidet das Los. Weisen Sie außerdem darauf hin, dass niemand verraten soll, für wen er ein Akrostichon schreibt.

2. Arbeitsphase (35 Minuten)

Geben Sie den Umschlag herum. Jeder Schüler zieht einen Zettel. Verteilen Sie die Kopiervorlage (S. 12). Jeder Schüler schreibt ein Akrostichon für das Kind, dessen Namen auf dem gezogenen Zettel stand.
Schüler, die diese Aufgabe erledigt haben, können entweder das Akrostichon-Blatt ausmalen oder ein weiteres Akrostichon für einen Freund/die Eltern schreiben.

3. Abschluss

Diese Phase entfällt in der aktuellen Stunde. Eine Reflexion kann, muss aber nicht stattfinden, wenn die Schüler ihr Akrostichon am jeweiligen Tag im Dezember erhalten. Sie können es für sich lesen oder den anderen vorlesen und eine Rückmeldung darüber geben, worüber sie sich am meisten freuen und ob der Schreiber mit seiner Einschätzung der Person recht hat.

4. Adventskalender-Akrostichon

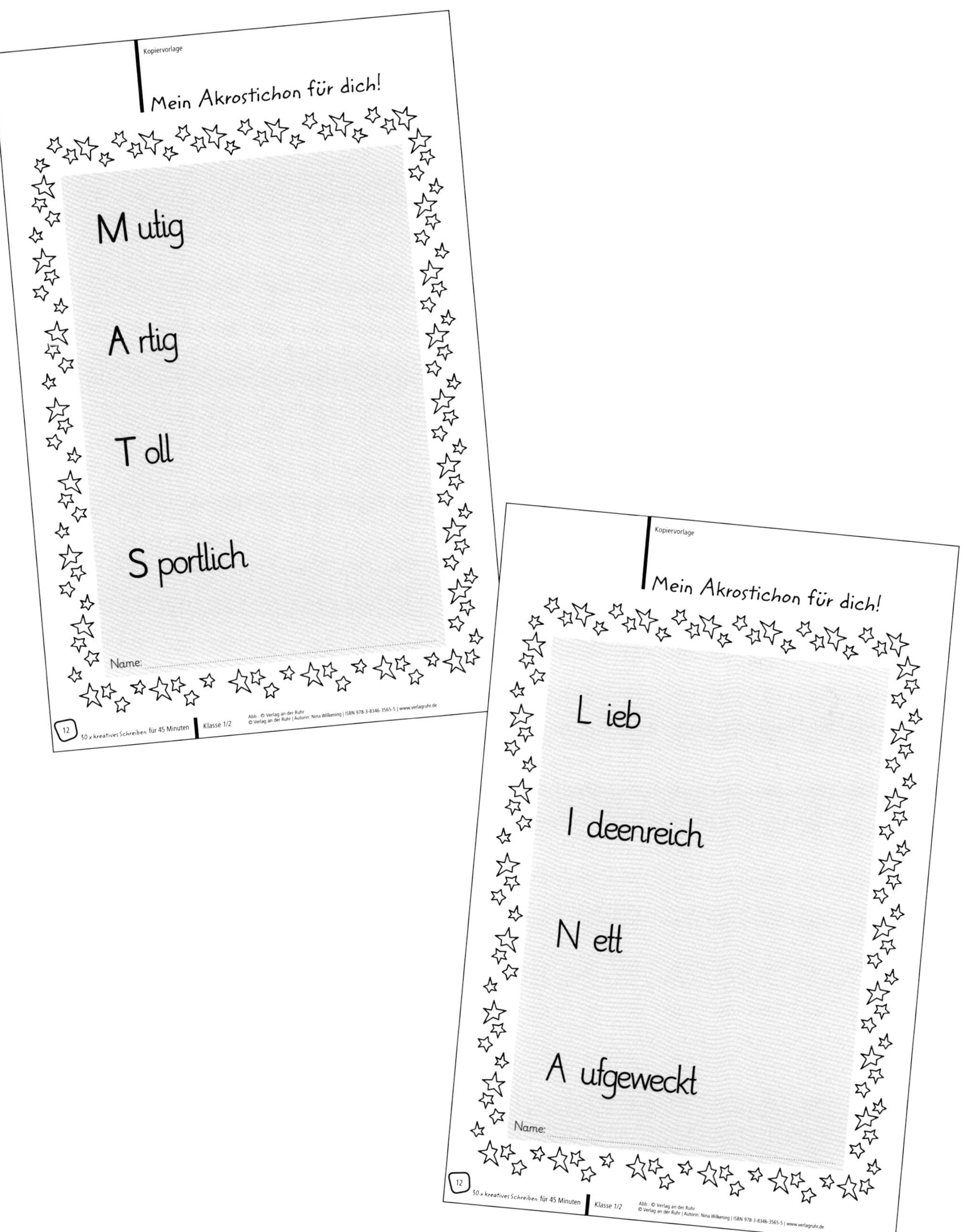
Kopiervorlage

Mein Akrostichon für dich!

M utig

A rtig

T oll

S portlich

Name: ....

12 30 x kreatives Schreiben für 45 Minuten | Klasse 1/2

Abb.: © Verlag an der Ruhr
© Verlag an der Ruhr | Autorin: Nina Wilkening | ISBN 978-3-8346-3565-5 | www.verlagruhr.de

Kopiervorlage

Mein Akrostichon für dich!

L ieb

I deenreich

N ett

A ufgeweckt

Name: ....

12 30 x kreatives Schreiben für 45 Minuten | Klasse 1/2

Abb.: © Verlag an der Ruhr
© Verlag an der Ruhr | Autorin: Nina Wilkening | ISBN 978-3-8346-3565-5 | www.verlagruhr.de

Mein Akrostichon für dich!

Name: ....

5. Monats-Spaziergang

Darum geht's

Freies Schreiben zu einem Erlebnis

Das bereiten Sie vor

- Vervielfältigen Sie die Kopiervorlagen „Mein Monats-Spaziergang" (S. 14) oder „Mein Jahreszeiten-Spaziergang im ..." (S. 15) in Klassenstärke.
- Optional: Geben Sie jedem Kind ein Klassenfoto, das während des Monats-Spaziergangs aufgenommen wird.

Stundenverlauf

Ein Monats-Spaziergang ist ein schönes Ritual, das man bereits in der ersten Klasse durchführen kann. Wenn man sich dafür ein Ziel in der Natur aussucht, kann man Sachunterricht (Die Bäume im Jahreslauf) und Deutsch gut miteinander verbinden. Wenn Sie den Monats-Spaziergang konsequent ein Schuljahr lang durchführen und jedes Mal ein Foto Ihrer Klasse machen, können Sie am Ende des ersten Schuljahres im Monatsordner nicht nur die Entwicklung der Natur und der Kinder, sondern auch deren Fortschritte im Schreiben bewundern. Das ist ein schönes Andenken an das erste Jahr in der Schule.

Der folgende Stundenverlauf zeigt nur die Schritte im Klassenzimmer im Anschluss an den Monats-Spaziergang. Der Spaziergang selbst muss nicht lang sein, sollte aber immer dasselbe Ziel haben, damit die Schüler die Unterschiede in der Natur wahrnehmen können. Möchten Sie keinen regelmäßigen Monats-Spaziergang machen, kann es auch ein Jahreszeiten-Spaziergang sein. Wählen Sie dann die Kopiervorlage „Jahreszeiten-Spaziergang" (S. 15).

1. Einstieg (10 Minuten)

Bitten Sie die Schüler, von ihren Eindrücken auf dem Spaziergang zu berichten. Halten Sie die Äußerungen stichwortartig an der Tafel fest. Am Anfang von Klasse 1 genügt es, wenn Sie einzelne Wörter wie Baum, Blatt etc. aufschreiben und dazu kleine Bilder malen.

2. Arbeitsphase (25 Minuten)

Jedes Kind schreibt einen freien Text zum Monats-Spaziergang. Am Anfang von Klasse 1 genügt es auch, wenn die Kinder die Wörter von der Tafel abschreiben. Wenn Sie ein Foto gemacht haben, sollte der Kasten frei bleiben. In ihn passt ein Foto der Größe 9 cm x 13 cm. Wenn nicht, können die Kinder dort hineinmalen. Schüler, die mit dem Schreiben fertig sind, malen ein passendes Bild unter ihren Text.

3. Abschluss (10 Minuten)

Lassen Sie die freien Texte auf den Tischen liegen. Die Kinder gehen herum und gucken sich die Ergebnisse an. Sammeln Sie die Texte in einem eigenen Monatsordner.

Mein Monats-Spaziergang

☐ Januar ☐ Februar ☐ März

☐ April

☐ Mai

☐ Juni

☐ Juli ☐ August ☐ September

☐ Oktober

☐ November

☐ Dezember

Name: ....

Abb.: © Verlag an der Ruhr
© Verlag an der Ruhr | Autorin: Nina Wilkening | ISBN 978-3-8346-3565-5 | www.verlagruhr.de

Kopiervorlage

Mein Jahreszeiten-Spaziergang im …

☐ Frühling ☐ Sommer ☐ Herbst ☐ Winter

Name: ....

6. Ich wünschte, ich wäre ...

Darum geht's

Eine Geschichte zu einem Wunschtier schreiben

Das bereiten Sie vor

Vervielfältigen Sie die Kopiervorlagen „Welches Tier möchtest du gerne sein?" (S. 17) und „Ich wünschte ich wäre … " (S. 18) je in Klassenstärke.

Stundenverlauf

1. Einstieg (10 Minuten)

Bitten Sie die Kinder, Ihnen viele Tiere zu nennen. Halten Sie diese in Form einer Mind-Map um das Wort „Lieblingstier" an der Tafel fest. Weisen Sie exemplarisch zwei Tieren Eigenschaften oder Verhaltensweisen zu, die es den Kindern wünschenswert machen, auch einmal ein solches Tier zu sein.

Fordern Sie die Kinder nun auf, sich zu zweit zusammenzutun und in einer „Murmelphase" von ca. zwei Minuten dem Partner zu erzählen, welches Tier sie gerne wären und warum.
Leiten Sie zur Arbeitsphase über, verteilen Sie beide Kopiervorlagen und sprechen Sie die Aufgaben mit den Schülern durch.

2. Arbeitsphase (20 Minuten)

Die Schüler arbeiten in Einzelarbeit. Zunächst halten sie auf der Kopiervorlage „Welches Tier möchtest du gerne sein?" fest, was sie ihrem Partner während der Murmelphase zu ihrem Tier gesagt haben. Anschließend schreiben sie einen freien Text darüber, wie es wäre, wenn sie das ausgesuchte Tier wären. Die Textform wählen die Kinder selbst.
Schüler, die mit dem Schreiben des Textes fertig sind, können sich als Tier malen. Sie können sich auch mit anderen Kindern treffen, die ebenfalls mit dem Schreiben fertig sind und sich gegenseitig ihre Geschichten vorlesen.

3. Abschluss (15 Minuten)

Sammeln Sie alle Texte ein. Mischen Sie den Papierstapel und ziehen Sie einen Text wahllos heraus. Lesen Sie den Text vor, lassen Sie die Schüler ein Feedback zum Text geben und anschließend raten, welches Kind den Text geschrieben hat.
Verfahren Sie so mit mehreren Texten, bis die Stunde zu Ende ist.

Welches Tier möchtest du gerne sein?

Ich wünschte, ich wäre ...

7. Geschichtenhäuser

Darum geht's

Eine Geschichte zu einer Bastelarbeit schreiben

Das bereiten Sie vor

- Vervielfältigen Sie die Kopiervorlagen „Mein Geschichtenhaus" (S. 20) und „Meine Geschichtenhaus-Geschichte" (S. 21) je in Klassenstärke.
- Jeder Schüler braucht eine Schere und ein DIN-A4-Blankoblatt.
- Fertigen Sie zu Hause ein eigenes Geschichtenhaus und eine kurze „Geschichtenhaus-Geschichte" an.

Stundenverlauf

1. Einstieg (10 Minuten)

Zeigen Sie den Schülern Ihr Geschichtenhaus, erklären Sie ihnen, wie Sie es gebastelt haben und lesen Sie ihnen Ihre Geschichtenhaus-Geschichte vor. Erklären Sie den Schülern, dass sie nun ein eigenes Geschichtenhaus basteln und ihre eigene Geschichte schreiben sollen.
Die Kinder können in dem Haus wohnen lassen, wen sie wollen: Menschen genauso wie Tiere oder Fantasiewesen.

2. Arbeitsphase (25 Minuten)

Die Schüler schneiden zunächst die gestrichelten Linien der Fensterläden entlang und falten die Fensterläden und Türen auf. Anschließend kleben sie das Blankoblatt dahinter. Jedes Kind denkt sich eine Geschichte aus, malt Gesichter der Figuren in die Fenster und Eingänge und schreibt die Geschichte auf.

3. Abschluss (10 Minuten)

Bitten Sie freiwillige Schüler, ihr Geschichtenhaus zu präsentieren und ihre Geschichte vorzulesen.
Es bietet sich an, alle Geschichtenhäuser und Geschichten eine Zeit lang auszustellen. So könnten Sie damit eine kleine „Geschichten-Stadt" aufbauen, damit alle die Produkte anderer Kinder anschauen und würdigen können.

Mein Geschichtenhaus

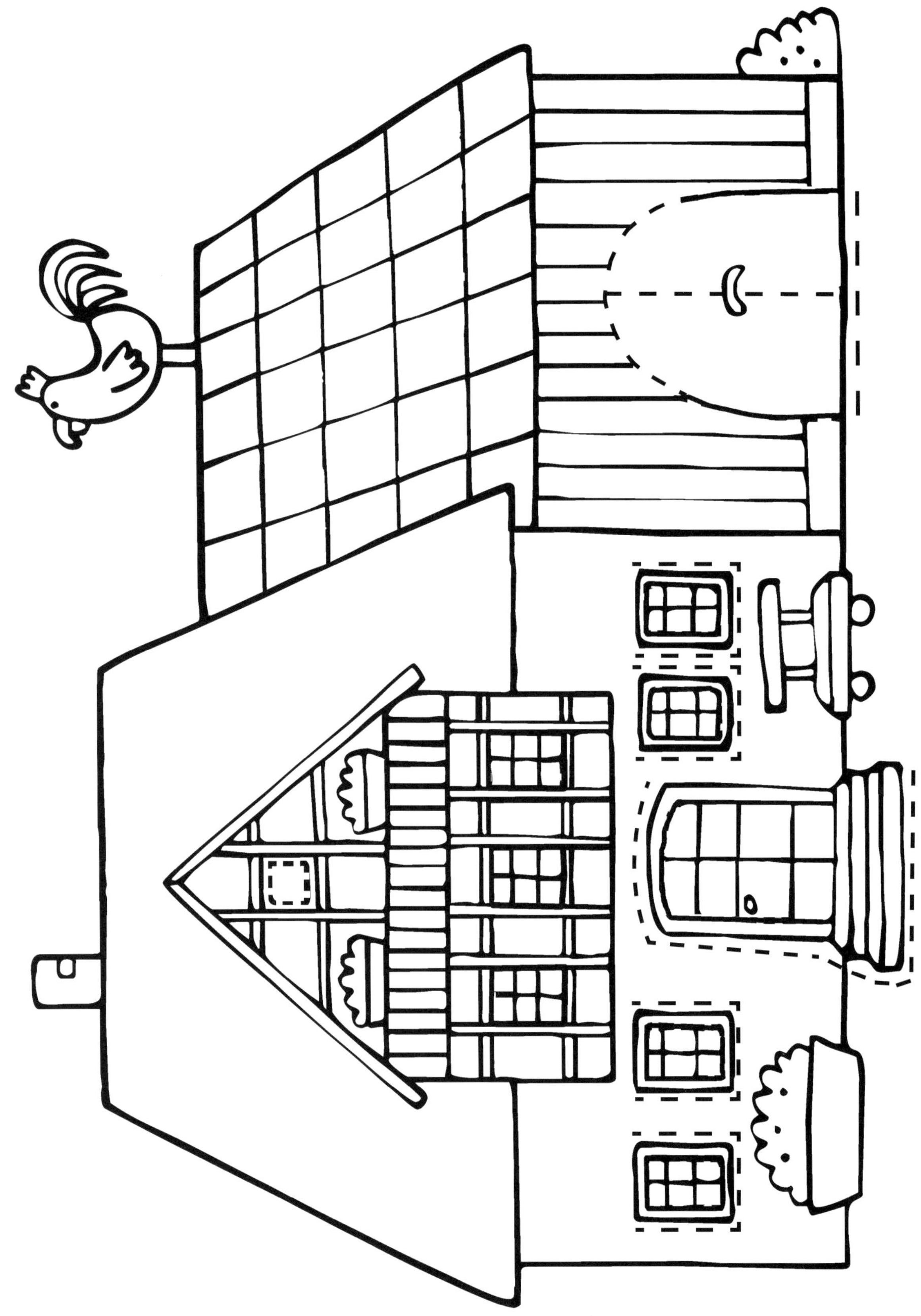

Kopiervorlage

Meine Geschichtenhaus-Geschichte

Name: ....

8. Satz-Geschichten

Darum geht's

Geschichten zu einfachen Sätzen schreiben

Das bereiten Sie vor

- Vervielfältigen Sie die Kopiervorlage „Meine Satz-Geschichte" (S. 25) in Klassenstärke.
- Kopieren Sie die „Satzkarten" (S. 23/24), ggf. auch mehrfach je nach Klassengröße, und schneiden Sie die Karten aus.
- Bewahren Sie die Subjekt-Karten getrennt von den Prädikat-Karten in zwei Umschlägen auf.

Stundenverlauf

1. Einstieg (10 Minuten)

Treffen Sie sich mit den Kindern im Sitzkreis.
Lassen Sie zwei Kinder je eine Karte aus den beiden Umschlägen ziehen. Bitten Sie die Kinder, die Karten vorzulesen. Überlegen Sie gemeinsam mit den Kindern, worum es in einer Geschichte, die zum vorgelesenen Satz passt, gehen könnte. Geben Sie nun beide Umschläge herum und lassen Sie die Schüler aus jedem Umschlag eine Karte ziehen.

2. Arbeitsphase (20 Minuten)

Die Schüler setzen sich an ihren Platz, kleben ihre Satzkarten auf die Kopiervorlage „Meine Satz-Geschichte" und schreiben und malen dazu.

3. Abschluss (15 Minuten)

Treffen Sie sich mit den Kindern im Sitzkreis.
Bitten Sie die Kinder, ihre Geschichten vorzustellen: Die Kinder können die Geschichten erzählen oder vorlesen und ihre Bilder zeigen. Alternativ können auch Sie die Geschichten der Kinder vorlesen, wenn die Kinder dies noch nicht können.

Satzkarten – Subjekte

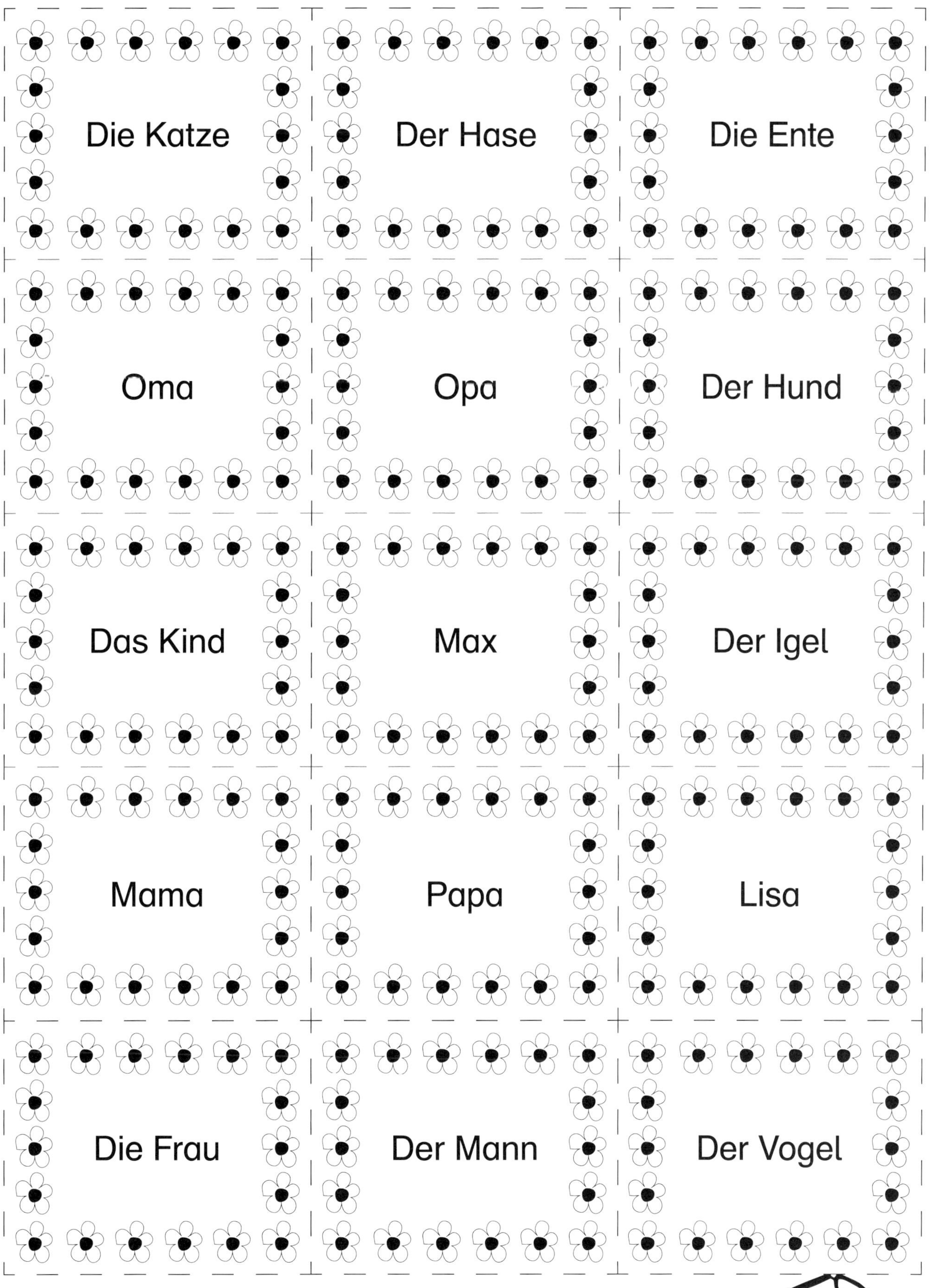

Satzkarten – Prädikate

isst	singt	malt
rennt	lacht	schläft
spielt	kocht	wartet
liest	ruft	angelt
schreibt	schwimmt	bastelt

Abb.: © Verlag an der Ruhr
© Verlag an der Ruhr | Autorin: Nina Wilkening | ISBN 978-3-8346-3565-5 | www.verlagruhr.de

Meine Satz-Geschichte

1. Klebe deinen Satz auf.

2. Schreibe deine Geschichte auf und male dazu.

Name: ....

9. Osterhasen-Geschichten

Darum geht's

Eine Osterhasen-Geschichte zu einer vorgegebenen Überschrift schreiben

Das bereiten Sie vor

- Vervielfältigen Sie die Kartenvorlagen „Geschichten-Ostereier" (S. 27) so oft, dass für jeden Schüler ein Ei zur Verfügung steht. Schneiden Sie die Ostereier aus. In das leere Osterei können Sie einen eigenen Titel schreiben.
- Vervielfältigen Sie die Vorlage „Meine Osterhasen-Geschichte" (S. 28) in Klassenstärke.
- Verstecken Sie die Ostereier im Klassenzimmer (z. B. vor Unterrichtsbeginn oder während der großen Pause). Kleben Sie diese z. B. mit der unbeschrifteten Seite nach vorne an einen Schrank oder legen Sie ein Ei hinter den Papierkorb. Wichtig ist, dass die Schüler die Titel noch nicht sehen können.

Stundenverlauf

1. Einstieg (10 Minuten)

Spielen Sie mit den Schülern „Galgenmännchen": Ziehen Sie neun waagrechte Striche nebeneinander an der Tafel (für jeden Buchstaben des Wortes „Osterhase" einen Strich).
Fordern Sie die Schüler auf, Ihnen Buchstaben zu nennen. Schreiben Sie die Buchstaben, die im Wort „Osterhase" vorkommen, auf den richtigen Strich. Wird das „e" oder das „s" genannt, schreiben Sie jeweils beide Buchstaben auf. Wenn die Schüler das Wort „Osterhase" erraten haben, bitten Sie die Schüler, sich dazu zu äußern. Halten Sie die Äußerungen stichwortartig an der Tafel fest. Leiten Sie zur Arbeitsphase über: Erklären Sie den Schülern, dass der Osterhase im Klassenzimmer Ostereier versteckt hat. Auf jedem Osterei steht eine Überschrift für eine Osterhasen-Geschichte. Die Aufgabe jedes Kindes ist es, ein Ei zu finden und eine Geschichte, die zur Überschrift passt, aufzuschreiben.

2. Arbeitsphase (25 Minuten)

Die Schüler suchen Ostereier. Wer eines gefunden hat, nimmt es mit an seinen Platz. Verteilen Sie währenddessen die Kopiervorlage „Meine Osterhasen-Geschichte".
Die Schüler schreiben eine Geschichte. Schüler, die fertig sind, begeben sich zu einem verabredeten Platz und warten dort auf einen anderen Schüler, der seine Geschichte beendet hat. Gemeinsam suchen sich beide einen ruhigen Ort im Klassenzimmer und lesen sich gegenseitig ihre Geschichten vor.

3. Abschluss (10 Minuten)

Treffen Sie sich mit den Schülern im Sitzkreis. Die Kinder lesen ihre Geschichten vor. Bitten Sie die anderen Schüler, den vorlesenden Kindern zurückzumelden, was ihnen an der Geschichte besonders gefallen hat, ob die Geschichte zur Überschrift passte und an welcher Stelle sie noch etwas verbessern könnten.

Geschichten-Ostereier

Als der Osterhase krank wurde

Der vergessliche Osterhase

Als der Osterhase den Weihnachtsmann traf

Der doppelte Osterhase

Ostereier im Schnee

Als der Osterhase keine Lust mehr hatte

Ein Osterhase für Mika

Schrecken für den Osterhasen

Meine Osterhasen-Geschichte

10. Reimwörterschlangengeschichten

Darum geht's

Eine Reizwortgeschichte mit Reimwörtern schreiben

Das bereiten Sie vor

- Vervielfältigen Sie die „Reimwörterschlangen" (S. 30) so oft, dass für jeden Schüler eine Reimwörterschlange zur Verfügung steht.
- Kopieren Sie die Vorlage „Meine Reimwörterschlangengeschichte" (S. 31) in Klassenstärke.
- Schneiden Sie die Reimwörterschlangen aus.
- Achten Sie darauf, dass von jeder Reimwörterschlange mindestens zwei Exemplare vorhanden sind und eine weitere für Sie vorhanden ist.
- Stecken Sie alle Reimwörterschlangen in einen großen Umschlag.
- Halten Sie einen Marker bereit.

Stundenverlauf

1. Einstieg (15 Minuten)

Setzen Sie sich mit den Schülern in einen Sitzkreis. Nehmen Sie Ihre Reimwörterschlange und vervollständigen Sie diese gemeinsam mit den Schülern. Wählen Sie drei der Wörter aus, die unbedingt in Ihrer Geschichte vorkommen sollen. Markieren Sie diese. Beginnen Sie eine Geschichte und binden Sie möglichst die markierten Wörter in die Geschichte ein. Bitten Sie die Schüler, die Geschichte fortzuführen, zum Beispiel:

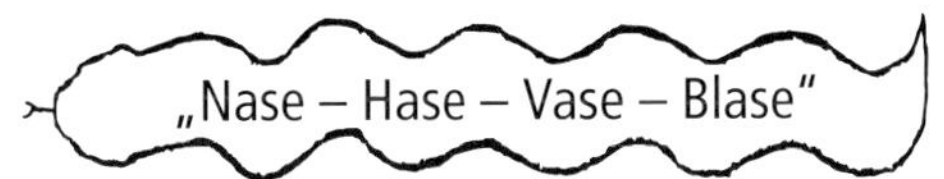

„Es war einmal ein Hase. Der hatte eine Blase an der Nase. Diese Blase holte er sich, als er zu viel an den frischen Karotten in seinem Garten schnupperte. Weil der Hase nichts gegen die Schmerzen von der Blase im Haus hatte, nahm er einfach die Blumenvase, hielt die Nase mit der Blase an die Vase und kühlte die Blase. Bald war die Blase dank der Vase von der Nase verschwunden."

2. Arbeitsphase (20 Minuten)

Geben Sie den Umschlag mit den Reimwörterschlangen herum. Jeder Schüler nimmt sich eine Schlange heraus. Anschließend setzen sich alle Schüler wieder auf ihre Plätze.
Jeder Schüler vervollständigt zunächst die Reimwörter auf seiner Reimwörterschlange und holt sich anschließend die Kopiervorlage „Meine Reimwörterschlangengeschichte" ab, um sie zu bearbeiten.
Schüler, die die Aufgabe beendet haben, warten an einem vereinbarten ruhigen Platz, lesen sich gegenseitig ihre Geschichten vor und geben sich Rückmeldung dazu.

3. Abschluss (10 Minuten)

Sammeln Sie alle Reimwörterschlangengeschichten ein. Ein Schüler zieht eine Geschichte aus dem Stapel. Bitten Sie den Schüler, der die Geschichte zu dieser Reimwörterschlange geschrieben hat, nach vorne und lassen Sie ihn seine Geschichten vorlesen. Dieser Schüler zieht dann eine neue Geschichte aus dem Stapel usw.

Im Anschluss an jede Geschichte erhalten die Vorlesenden eine Rückmeldung von den anderen Schülern, zum Beispiel zu den Fragen:

- Hat dir die Geschichte gefallen?
- Was genau fandest du gut an der Geschichte?
- Gab es etwas, was der Schreiber noch besser hätte machen können?
- Sind alle Reizwörter in der Geschichte vorgekommen?
- …

Reimwörterschlangen

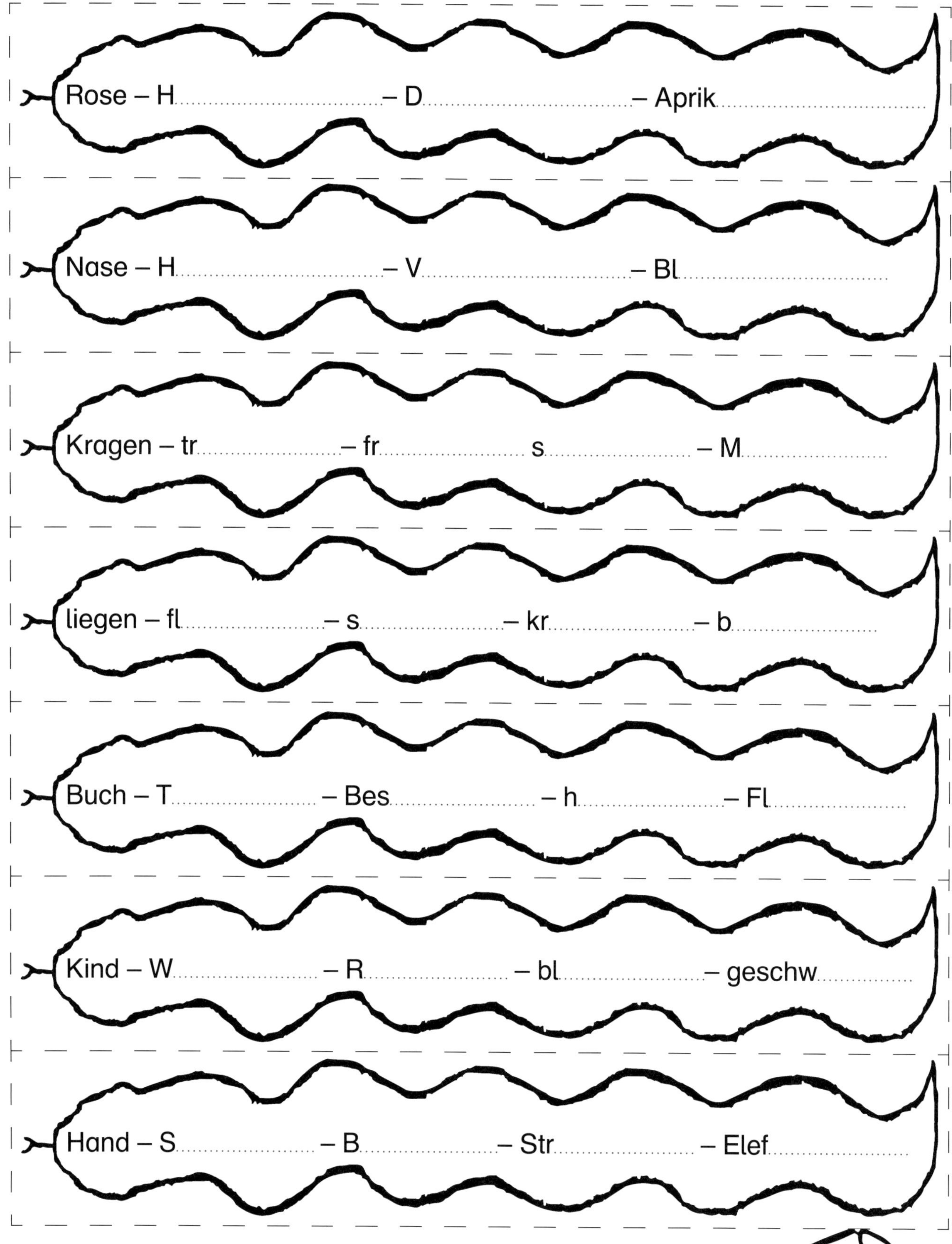

Meine Reimwörter-schlangengeschichte

Klebe deine Reimwörterschlange hier ein.

Name: ....

Klasse 2

11. Mixtier-Geschichten

Darum geht's

Schreiben zu einem Fantasietier

Das bereiten Sie vor

- Vervielfältigen Sie die Kartenvorlagen „Mixtiere" (S. 35/36) und die Kopiervorlage „Mein Mixtier" (S. 37) jeweils in Klassenstärke.
- Schneiden Sie die Mixtier-Karten aus.
- Kopieren Sie die Vorlagen „Mixtiere" (S. 35) auch auf Folie.
- Stellen Sie einen Tageslichtprojektor bereit.
- Jeder Schüler hält eine Schere und Klebstoff bereit.

Stundenverlauf

1. Einstieg (10 Minuten)

Legen Sie auf den Tageslichtprojektor zwei Tiere (insgesamt sechs Kartenteile). Wählen Sie ein Kind aus, das zum Tageslichtprojektor kommt und aus den sechs Körperteilen ein neues Fantasietier mit drei Teilen mixt. Fordern Sie die Schüler auf, einen Namen und mögliche Eigenschaften für das neue Tier zu erfinden.
Das Kind wählt danach ein neues Kind aus, das wiederum ein neues Fantasietier „zusammenmixt", einen Namen dafür erfindet und etwas zu seinen besonderen Eigenschaften erzählt.
Natürlich können die anderen Kinder mithelfen, einen Namen oder auch besondere Eigenschaften zu finden.
Schreiben Sie beispielhaft einen Fantasienamen und die Eigenschaften des Tieres mit auf die Folie. Dies kann in der Arbeitsphase als Hilfe für schreibschwächere Schüler dienen. Leiten Sie zur Arbeitsphase über.
Erklären Sie den Schülern, dass sie in dieser Stunde ein eigenes Fantasietier mixen und eine Geschichte über dieses Tier schreiben sollen.

2. Arbeitsphase (30 Minuten)

Verteilen die Kopiervorlagen „Mixtier-Karten" und „Mein Mixtier". Die Schüler schneiden zuerst die Karten aus und mixen sich ihr eigenes Tier. Die dazugehörenden drei Karten kleben sie auf die Kopiervorlage „Mein Mixtier". Anschließend schreibt jeder eine Geschichte über sein Mixtier. Wichtig ist, dass sich die Kinder vorher Notizen zu dem Namen und den Eigenschaften machen.

3. Abschluss (5 Minuten)

Bitten Sie die Schüler, mit ihren Mixtier-Geschichten in den Stuhlkreis zu kommen.
In der ersten Runde zeigen alle ihre Mixtiere und stellen sie mit Namen vor.
Bitten Sie nun freiwillige Kinder, ihre Mixtier-Geschichte vorzulesen.

Mixtiere (1/2)

Mixtiere (2/2)

Mein Mixtier

Mein Mixtier heißt: ....

Klebe dein
Mixtier hier ein.

Das kann mein Mixtier:

Meine Geschichte:

Name: ....

12. Gefühlsbilder-Geschichten

Darum geht's

Zu Gefühlsbildern schreiben

Das bereiten Sie vor

- Ziehen Sie die Kopiervorlage „Viele Gefühle" (S. 39) einmal auf Folie.
- Vervielfältigen Sie die Kopiervorlagen „Viele Gefühle" (S. 39) und „Meine Gefühle-Geschichte" (S. 40) jeweils in Klassenstärke.
- Stellen Sie einen Tageslichtprojektor bereit.
- Schreiben Sie evtl. auch eine Gefühle-Geschichte, die Sie in der Abschlussphase vorlesen.

Stundenverlauf

1. Einstieg (10 Minuten)

Legen Sie die Folie „Viele Gefühle" auf den Tageslichtprojektor. Decken Sie alle Kinder bis auf eines ab. Bitten Sie die Schüler, die Befindlichkeit des Kindes nachzuahmen, zu beschreiben und sich an Situationen zu erinnern, in denen sie sich wie das Kind fühlten. Wiederholen Sie dies für ein weiteres Beispiel auf der Folie.

2. Arbeitsphase (25 Minuten)

Die Schüler bearbeiten zunächst die Kopiervorlage „Viele Gefühle". Sie schreiben jeweils passende Gefühlsadjektive neben die Kinder. Die Kopiervorlage „Meine Gefühle-Geschichte" können die Schüler dabei zur Hilfe nehmen, da im Schmuckrand wichtige Gefühlsadjektive aufgeführt sind.

Im Anschluss entscheidet sich jeder Schüler für ein Gefühl, über das er schreiben möchte. Dazu malt er das passende Kind seines gewählten Gefühls auf der Kopiervorlage „Meine Gefühle-Geschichte" an, kreist passende Gefühlsadjektive ein und schreibt sein Erlebnis oder eine Fantasiegeschichte zu diesem Gefühl.
Schüler, die die Aufgabe beendet haben, können eine Geschichte zu einem weiteren Gefühl schreiben.

3. Abschluss (10 Minuten)

Bitten Sie die Schüler, ihre Geschichten vorzulesen. Da die Schüler eventuell von eigenen Gefühlen berichten, sollte das Vorlesen auf freiwilliger Basis erfolgen.
Schön wäre es, wenn auch Sie eine Gefühle-Geschichte geschrieben hätten und diese vorlesen würden.

Viele Gefühle

Wie fühlen sich die Kinder?

Schreibe ein passendes Wie-Wort in die Kästchen.

Abb.: © Petra Lefin
© Verlag an der Ruhr | Autorin: Nina Wilkening | ISBN 978-3-8346-3565-5 | www.verlagruhr.de

Meine Gefühle-Geschichte

überrascht glücklich zornig böse fröhlich müde

Überschrift: ....

Name: ....

verwundert erschrocken verliebt traurig freudig ängstlich wütend

verträumt grimmig entsetzt sauer bedrückt überglücklich begeistert

unglücklich entzückt zufrieden überrascht böse

Abb.: © Petra Lefin
© Verlag an der Ruhr | Autorin: Nina Wilkening | ISBN 978-3-8346-3565-5 | www.verlagruhr.de

13. Adventskalender-Elfchen

Darum geht's

Ein Elfchen zum Thema Advent schreiben

Das bereiten Sie vor

- Vervielfältigen Sie die Kopiervorlage „Mein Adventskalender-Elfchen" (S. 42) in Klassenstärke.
- Halten Sie Schnur, Geschenkband oder Wolle bereit, um die gerollten Elfchen zuzubinden.
- Umwickeln Sie einen Eimer mit weihnachtlichem Geschenkpapier.

Stundenverlauf

Die Stunde sollte wenige Tage vor dem ersten Dezember stattfinden.

1. Einstieg (15 Minuten)

Erklären Sie den Schülern, dass es in dieser Stunde ihre Aufgabe sein wird, ein Elfchen für den Adventskalender zu schreiben. Das Elfchen soll thematisch zu Weihnachten bzw. zum Advent passen. An jedem Dezembertag wird dann ein Elfchen vorgelesen. Jedes Elfchen wird aufgehängt, sodass die Elfchen-Sammlung während der Adventszeit anwächst. Nach den Weihnachtsferien können Sie alle Elfchen dann in einem Klassen-Elfchen-Buch sammeln.
Überlegen Sie gemeinsam mit den Kindern, welchen Inhalt die Elfchen haben könnten (z. B. Vorfreude auf das Weihnachtsfest, Winter und Schnee, Adventskranz etc.). Fassen Sie die Schüleräußerungen in einer Mind-Map an der Tafel zusammen.

Wiederholen Sie gemeinsam die Regeln für ein Elfchen:
1. Zeile: ein Wort (Überschrift)
2. Zeile: zwei Wörter
3. Zeile: drei Wörter
4. Zeile: vier Wörter
5. Zeile: ein Wort (Fazit)

Anmerkung: *Für den Bauplan eines Elfchens gibt es verschiedene Vorgaben. Ich habe eine sehr freie gewählt. Sollten Ihre Schüler eine andere kennen, verwenden Sie diese.*

Schreiben Sie gemeinsam ein Klassen-Elfchen an die Tafel.

2. Arbeitsphase (20 Minuten)

Verteilen Sie die Kopiervorlagen „Mein Adventskalender-Elfchen" an die Schüler. Jeder schreibt sein eigenes Elfchen. Ideen können von der Mind-Map aufgegriffen werden. Schüler, die ihr Elfchen fertig geschrieben haben, können das Schmuckblatt zum Elfchen passend verzieren.

3. Abschluss (10 Minuten)

Verteilen Sie die Woll- bzw. Geschenkbänder. Die Kinder rollen ihr Elfchenpapier und verschnüren es, am besten mithilfe des Partners. Sammeln Sie anschließend alle Elfchen ein und bewahren Sie diese für alle gut sichtbar, z. B. in einem Eimer, der mit weihnachtlichem Geschenkpapier umwickelt wurde, auf.

Mein Adventskalender-Elfchen

Name: ....

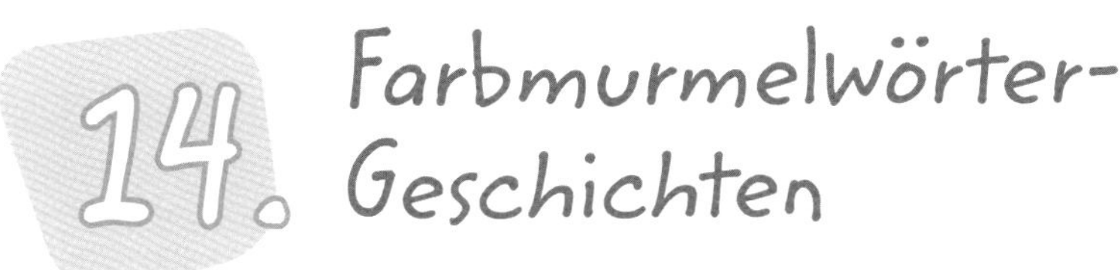

14. Farbmurmelwörter-Geschichten

Darum geht's

Eine Reizwortgeschichte schreiben

Das bereiten Sie vor

- Halten Sie pro Schülerpaar oder Schülergruppe einen Schuhkarton, eine Murmel, Wasserfarben und einen Pinsel bereit.
- Vervielfältigen Sie die Kopiervorlage „Schuhkarton-Wörter" (S. 44) für alle Schülerpaare bzw. Schülergruppen.
- Kopieren Sie die Vorlage „Meine Farbmurmel-Geschichte" (S. 45) in Klassenstärke.
- Halten Sie alle Materialien auch einmal für Sie zum Vorstellen bereit.

Stundenverlauf

1. Einstieg (10 Minuten)

Versammeln Sie die Schüler im Sitzkino vor einem Schülertisch. Legen Sie eine Kopie der Seite „Schuhkarton-Wörter" in einen Schuhkarton. Färben Sie die Murmel dick mit einer hellen Wasserfarbe. Legen Sie die Murmel in den Schuhkarton und bewegen Sie diesen einige Male hin und her, sodass die Murmel eine Farbspur hinterlässt. Nehmen Sie die Kopiervorlage aus dem Schuhkarton heraus, zeigen Sie diese den Schülern und schreiben Sie dann mehrere Wörter, die von der Murmel berührt und farblich markiert wurden, untereinander an die Tafel. Überlegen Sie sich eine Geschichte, die zu diesen Reizwörtern passt, und bitten Sie auch die Schüler, nachzudenken. Erzählen Sie Ihre Geschichte und lassen Sie einzelne Schüler deren Geschichte erzählen.
Leiten Sie zur Arbeitsphase über: Bitten Sie die Schüler, sich paar- oder gruppenweise zusammenzufinden. Verteilen Sie die Materialien.

2. Arbeitsphase (25 Minuten)

Die Schüler legen eine Vorlage „Schuhkarton-Wörter" in ihren Schuhkarton, färben ihre Murmel und lassen sie über das Blatt rollen. Anschließend nehmen sie die Kopiervorlage aus dem Karton. Jedes Kind schreibt nun seine eigene Farbmurmel-Geschichte passend zu den markierten Wörtern auf die Kopiervorlage „Meine Farbmurmel-Geschichte".

Schüler, die ihre Geschichte beendet haben, können entweder versuchen, mit denselben Wörtern eine weitere Geschichte zu verfassen, oder sie legen die Kopiervorlage mit den Schuhkarton-Wörtern erneut in den Karton, färben die Murmel mit einer anderen Farbe und erhalten so Wörter für eine weitere Geschichte.

3. Abschluss (10 Minuten)

Treffen Sie sich mit den Schülern im Kinositz. Bitten Sie die Schüler, sowohl ihre Geschichte als auch die Kopiervorlage mit den Schuhkarton-Wörtern mitzubringen. Fordern Sie einzelne Schüler auf, ihre Schuhkarton-Wörter an die Tafel zu hängen (oder zu stellen) und ihre Geschichte vorzulesen. Die anderen Kinder hören zu und vergleichen, ob auch alle Reizwörter benutzt wurden.

Schuhkarton-Wörter

telefonieren

Mutter

Weihnachtsmann

einladen

Supermarkt

auf einmal

Sommerferien

Geburtstag

einkaufen

verreisen

zum Glück

Lehrer

Opa

Osterhase

plötzlich

unerwartet

Oma

Vater

traurig

vergesslich

leider

fröhlich

Meine Farbmurmel-Geschichte

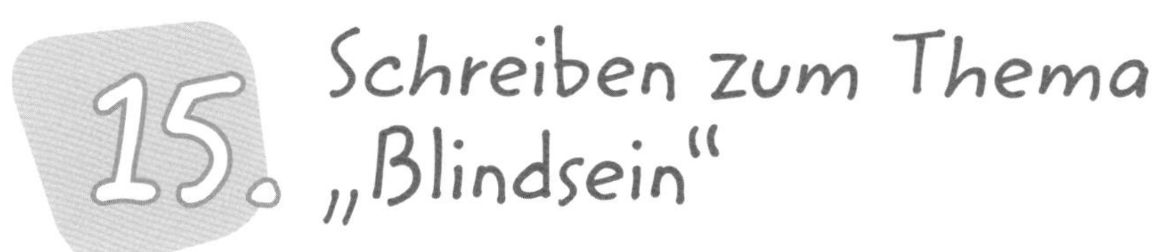

15. Schreiben zum Thema „Blindsein"

Darum geht's

Freies Schreiben im Anschluss an eine Sinneserfahrung

Das bereiten Sie vor

- Halten Sie pro Schülerpaar ein Halstuch zum Augenverbinden bereit.
- Vervielfältigen Sie die Kopiervorlagen „Mind-Map" (S. 47) und „Meine Schreibidee zum Thema „Blindsein" (S. 48) in Klassenstärke.

Stundenverlauf

1. Einstieg (15 Minuten)

Schreiben Sie das Thema „blind" an die Tafel. Bitten Sie die Schüler, sich dazu zu äußern und beginnen Sie eine Mind-Map mit den Schüleräußerungen.
Danach finden sich die Kinder zu zweit zusammen. Die Partner führen sich gegenseitig durch den Raum, wobei einer der Partner zuvor die Augen verbunden bekommt. Im Anschluss sammelt jeder seine Eindrücke vom „Blindsein" in einer persönlichen Mind-Map (S. 47), die dann wiederum als Vorlage für ein freies Schreibprodukt dient.

2. Arbeitsphase (15 Minuten)

Unterbrechen Sie die Mind-Map-Phase und fordern Sie die Schüler auf, nun mit dem freien Schreiben zu beginnen. Die Schüler wählen selbst, ob sie ihre Eindrücke in einem Gedicht (z. B. einem Elfchen), einer Geschichte oder einem Erfahrungsbericht festhalten. Die Mind-Map kann den Schülern beim Ideenfinden und -formulieren helfen.

3. Abschluss (15 Minuten)

Bitten Sie freiwillige Schüler, ihr Schreibprodukt vorzulesen. Da viele persönliche Sinneseindrücke und Gefühle in den Texten einfließen werden, ist hier eine Rückmeldung zum Text durch die Klassenkameraden nicht unbedingt hilfreich. Sinnvoll kann es aber sein, wenn das vorlesende Kind reflektiert, inwieweit ihm die Mind-Map geholfen hat, die eigenen Gedanken vor und während des Schreibens zu sortieren und zu Papier zu bringen.

Mind-Map

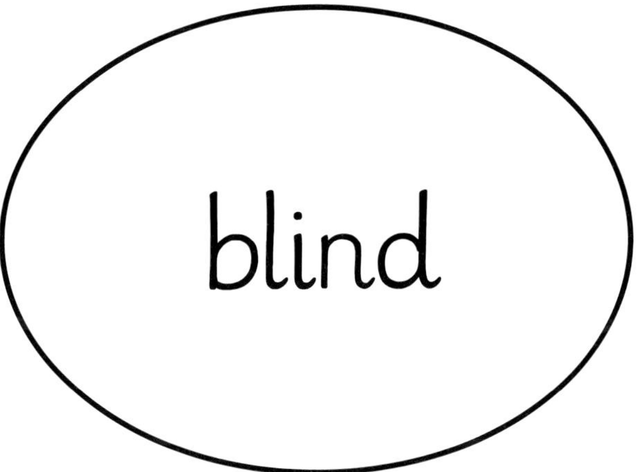

Meine Schreibidee zum Thema „Blindsein"

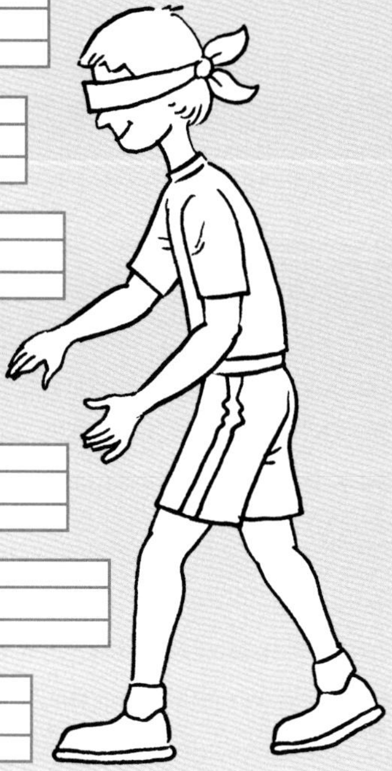

Name: ....

Abb.: © Norbert Höveler
© Verlag an der Ruhr | Autorin: Nina Wilkening | ISBN 978-3-8346-3565-5 | www.verlagruhr.de

16. Kleckse-Hexe

Darum geht's

Schreiben zu einem Klecks-Bild

Das bereiten Sie vor

- Halten Sie das Gedicht „Die Kleckse-Hexe" (S. 51) bereit.
- Vervielfältigen Sie die Kopiervorlage „Neues von der Kleckse-Hexe" (S. 52) in Klassenstärke.
- Schneiden Sie pro Schüler mindestens 5 – 6 Stück Papier in DIN-A5-Größe.
- Jeder Schüler benötigt einen Wasserfarbkasten, ein Glas mit Wasser und einen Pinsel.
- Für die Abschlussphase benötigen Sie selbstklebende Zettel.

Stundenverlauf

1. Einstieg (10 Minuten)

Bitten Sie die Schüler, es sich bequem zu machen und die Augen zu schließen. Lesen Sie das Gedicht von der Kleckse-Hexe langsam und mit Pausen vor. Fordern Sie die Schüler anschließend wieder auf, die Augen zu öffnen. Nehmen Sie ein Blatt Papier, falten Sie es einmal in der Mitte und geben Sie mit dem Pinsel einen dicken Farbklecks in die Knickfalte. Klappen Sie das Papier zusammen und klappen Sie das Papier anschließend wieder auf. Zeigen Sie den Schülern das Klecks-Bild und überlegen Sie gemeinsam, was auf dem Bild zu sehen sein könnte. Entscheiden Sie sich für eine Deutung des Kleckses. Nehmen Sie eventuell einen Stift und erweitern Sie das Klecks-Bild: Malen Sie z. B. Gesichtszüge oder fahren Sie Konturen nach, damit man besser erkennen kann, was der Klecks darstellen soll.

2. Arbeitsphase (20 Minuten)

Erklären Sie den Schülern, dass sie nun zu „Kleckse-Hexen" werden.
Bitten Sie die Schüler, den Arbeitsplatz vorzubereiten, indem sie ihren Wasserfarbkasten, ein Wasserglas, einen Pinsel und fünf Blanko-Zettel bereithalten.
Jeder Schüler fertigt fünf Klecks-Bilder an. Anschließend räumen sie die Wasserfarb-Materialien auf, die Bilder können in der Zeit trocknen.
Jeder Schüler wählt aus den Kleckse- Bildern eines aus und schreibt dazu eine kurze Geschichte auf die Kopiervorlage „Neues von der Kleckse-Hexe". Die Schüler kleben danach das ausgewählte Klecks-Bild an die Kopiervorlage.

Je nach Fortschreiten der Zeit können Schüler, die fertig sind, sich mit einem Partner austauschen und sich die Geschichten gegenseitig vorlesen oder die Kleckse-Hexe anmalen.

16. Kleckse-Hexe

3. Abschluss (15 Minuten)

Hängen Sie die Geschichten und Bilder an die Tafel oder eine Pinnwand. Sollten Sie sehr viele Schüler in der Klasse haben, bietet es sich an, die Geschichten an mehreren verschiedenen Orten aufzuhängen.
Fordern Sie die Schüler auf, sich die Bilder anzusehen. Jeder Schüler sucht sich eine Geschichte aus, die er gerne vorgelesen haben möchte. Neben diese Geschichte malt er mit Kreide einen Punkt, wenn die Geschichte an der Tafel hängt. Hängt sie an einer Pinnwand, können die Schüler kleine selbstklebende Zettel neben jede Geschichte anheften.
Suchen Sie zwei bis drei Geschichten mit den meisten Punkten heraus und lesen Sie diese vor.
Wenn genügend Zeit übrig ist, sollten die Schüler Rückmeldung zu den Geschichten geben. Dies könnten sie mithilfe von Formulierungen wie „Das hat mir gut gefallen …" und „Ich hätte noch einen Tipp …" tun.

Die Kleckse-Hexe

Das ist die Hexe Kleckse.
Mit bunter Farbe malt sie dicke Kleckse.
Dann zieht sie Striche mit dem Stift,
du guckst und staunst und bist verblüfft.

An einem Abend machte sie
aus einem großen Klecks – hihi –
ein Haus mit tausend Türen.
Aber Hexe Kleckse, wohin sollen die denn alle führen?

Aus einem dicken Klecks,
wer hätt's gedacht,
wird eben schnell ein Hund gemacht.
Weil der nicht gern alleine ist,
kleckst Kleckse noch ein Katzenbiest.
Doch leider wollen sie sich streiten,
das wird der Kleckse Kopfschmerzen bereiten.

Drum greift die Kleckse schnell zur Farbe,
damit sie endlich Ruhe habe,
und kleckst dem Hunde einen Knochen
der Katze wird sie Milch fein kochen.

Neues von der Kleckse-Hexe

Wieder einmal hat die Kleckse-Hexe einen hervorragenden Einfall gehabt.

Diesmal …

Name: ....

17. Wer hängt da an der Leine?

Darum geht's

Schreiben zu einem Bildimpuls

Das bereiten Sie vor

- Vervielfältigen Sie die Kopiervorlagen „Wer hängt da an der Leine?" (S. 54/55) und „An meiner Leine hängt ..." (S. 56) in Klassenstärke.
- Kopieren Sie zusätzlich die Vorlagen „Wer hängt da an der Leine?" (S. 54/55) in DIN A3 auf Plakatkarton und falten Sie die jeweils rechte Plakatseite an der Mittellinie (Hauskante) nach hinten.

Stundenverlauf

1. Einstieg (5 Minuten)

Fragen Sie die Schüler, ob jemand einen Hund hat, und bitten Sie die Hundebesitzer, zu erzählen, wie es sich anfühlt, wenn sie mit ihrem Hund Gassi gehen und die Leine halten. Idealerweise erzählen manche Kinder von störrischen Hunden, die ungern Gassi gehen. Wenn dies nicht der Fall sein sollte, müssen Sie das Gespräch darauf lenken. Lassen Sie von zwei Schülern ein Standbild stellen, das darstellt, wie ein Mensch (Schüler 1) einen störrischen Hund (Schüler 2) an einer imaginären Leine zieht. Schüler 1 soll dabei das Gefühl verbalisieren, das er beim Ziehen des störrischen Hundes hat. Hängen Sie das Plakat mit dem glücklichen Kind an die Tafel. Lassen Sie die Schüler Vermutungen anstellen, wer oder was an der Leine hängen könnte. Halten Sie die Vorschläge schriftlich an der Tafel fest. Hängen Sie dann das Plakat mit dem ärgerlichen Kind an die Tafel. Lassen Sie die Schüler wiederum Vermutungen anstellen. Halten Sie die Vorschläge schriftlich an der Tafel fest.

Klappen Sie nun beide Plakate auf und leiten Sie zur Arbeitsphase über: „Eure Aufgabe ist es heute, jemanden oder etwas an die Leine zu hängen. Wählt das ärgerliche oder das glückliche Kind aus und überlegt euch, wer oder was wohl an der Leine hängen könnte. Malt zuerst und schreibt dann eine Geschichte dazu. Eine Bedingung gibt es noch: Es darf *kein* Hund sein!"

2. Arbeitsphase (25 Minuten)

Legen Sie beide Kopiervorlagen mit der Hausecke aus, sodass sich die Schüler entweder für das ärgerliche oder das glückliche Kind entscheiden können. Dann malen sie etwas auf die rechte freie Seite und schreiben auf der Kopiervorlage S. 56 eine Geschichte dazu. Fertige Schüler tauschen sich untereinander aus.

3. Abschluss (15 Minuten)

Treffen Sie sich mit den Schülern im Sitzkreis. Fragen Sie nach Freiwilligen, die ihre Geschichte vorlesen und das Bild zeigen möchten. Überlassen Sie es den Kindern, ob Sie erst die Geschichte vorlesen und dann das Bild zeigen möchten oder ob ein Nachbarkind das Bild hält, während das Verfasserkind liest. Falls es die Zeit zulässt, können mehrere Schüler vorlesen. Wenn genügend Zeit vorhanden ist, können alle Schüler nacheinander wenigstens ihr Bild zeigen. Alleine das ist schon ein großer Spaß!

Wer hängt da an der Leine? (A)

Abb.: © Bettina Weyland
© Verlag an der Ruhr | Autorin: Nina Wilkening | ISBN 978-3-8346-3565-5 | www.verlagruhr.de

Wer hängt da an der Leine? (B)

© Verlag an der Ruhr | Autorin: Nina Wilkening | ISBN 978-3-8346-3565-5 | www.verlagruhr.de

An meiner Leine hängt ...

Name: ....

18. Tierforscher

Darum geht's

Freies Schreiben im Anschluss an eine Tierbeobachtung

Das bereiten Sie vor

- Vervielfältigen Sie die Kopiervorlagen „Tierforscher (1) und (2)" (S. 58/59) in Klassenstärke.
- Jeder Schüler benötigt einen Stift, Papier für Notizen, evtl. eine Lupe/Becherlupe (Wiese) oder ein Fernglas (Wald).

Stundenverlauf

Die Stunde umfasst den Beobachtungsgang und die Schreibzeit. Je nach Entfernung (Schulhofwiese oder Wald in der Nähe) und Beobachtungsziel (Krabbeltiere auf der Wiese oder verschiedene Zootiere) kann dieser Unterrichtsentwurf über eine bis zwei Schulstunden gehen. Wählen Sie das für Ihre Lerngruppe und Ihren Schulstandort geeignetste Beobachtungsziel aus. Wenn Sie einen Zoo besuchen, kann die Schreibzeit innerhalb des Zoobesuchs stattfinden oder an einem anderen Tag im Klassenzimmer.

1. Einstieg (2 Minuten plus Weg zum Beobachtungsort)

Erklären Sie den Schülern, dass heute zunächst ein Beobachtungsgang durchgeführt wird. Die Schüler sollen, z. B. auf der Wiese im Schulhof, ganz genau hinschauen (evtl. mit der Lupe) und sich Notizen machen, wie die beobachteten Tiere aussehen, was sie tun, wie sie sich bewegen etc. Die Kopiervorlage „Tierforscher (1)" kann den Kindern dabei helfen.

2. Arbeitsphase (25 Minuten)

Die Arbeitsphase kann, muss aber nicht, im Klassenzimmer stattfinden. Es bietet sich auch an, am Beobachtungsort zu schreiben. Allerdings ist dann die Gefahr der Ablenkung größer.
Geben Sie den Schülern die Kopiervorlage „Tierforscher (2)". Nennen Sie den Zeitrahmen, den die Schüler zum Arbeiten haben. Jeder Schüler nimmt seine Notizen von der Kopiervorlage Tierforscher (1) zur Hand und schreibt. Da es sich um freies Schreiben handelt, entscheidet der Schüler selbst, ob er eine Geschichte, ein Gedicht oder einen Bericht oder etwas ganz anderes (z. B. eine Mind-Map) schreiben möchte.

3. Abschluss (15 Minuten)

Je nachdem, wie viel Zeit Sie noch zur Verfügung haben, können Sie zwischen mehreren Varianten wählen:

- **Viel Zeit:** Die Schüler treffen sich in themengleichen Gruppen (z. B. alle, die Marienkäfer beobachtet haben oder alle, die Bienen beobachtet haben) und stellen sich gegenseitig ihre Texte vor. Anschließend lesen Freiwillige im Plenum vor.
- **Wenig Zeit:** Einige, wenige Kinder lesen im Plenum vor. Die Texte werden später aufgehängt oder in einem Ordner gebündelt, sodass alle Schüler sie lesen können.

Tierforscher (1)

Datum: .... Name: ....

Beobachtungsort: ....

Beobachtetes Tier: ....

So sieht es aus:

So bewegt es sich: ....

Dieses Geräusch macht es: ....

Hier lebt es: ....

....

Was mir sonst noch auffällt: ....

....

Außerdem weiß ich über dieses Tier:

....

....

Tierforscher (2)

**Du hast gerade ein Tier beobachtet.
Nimm deine Notizen vom Blatt Tierforscher (1) und schreibe etwas über das beobachtete Tier.**

**Du kannst selbst entscheiden, in welcher Form du schreibst.
Im Kasten sind ein paar Vorschläge.**

Tiergeschichte,
Fantasiegeschichte,
Elfchen, Mind-Map,
Bericht ...

19. Stopp-Geschichten

Darum geht's

Schreiben zu Reizwörtern

Das bereiten Sie vor

- Vervielfältigen Sie die Kopiervorlage „Meine Stopp-Geschichte" (S. 61) in Klassenstärke.
- Halten Sie pro Schülerpaar ein Lesebuch bereit.

Stundenverlauf

1. Einstieg (5 Minuten)

Spielen Sie mit den Schülern einmal die Aufgabe der Arbeitsphase durch: Wählen Sie einen Schüler aus, der einen beliebigen Text, z. B. eine Geschichte aus dem Lesebuch, vorliest. Bitten Sie einen anderen Schüler während des Vorlesens 3-mal „Stopp" zu sagen. Der lesende Schüler hält kurz inne. Schreiben Sie das Wort, das zuletzt gelesen wurde, an die Tafel. Die drei Wörter, die nun an der Tafel stehen, sind die Reizwörter, mit denen eine Geschichte erzählt werden soll. Es kann vorkommen, dass die „gestoppten" Wörter nicht passen (z. B. wenn es eine Kombination wie diese ist: und, weil, vielleicht). In diesem Fall muss nachgebessert werden. Das Kind liest weiter, bis es drei passende Reizwörter sind, mit denen man eine Geschichte erzählen kann. Fordern Sie Ihre Schüler auf, eine Geschichte zu den drei Reizwörtern zu erfinden. Lassen Sie mehrere Kinder ihre Geschichten erzählen.

2. Arbeitsphase (25 Minuten)

Die Kinder finden sich zu zweit zusammen. Verteilen Sie die Kopiervorlage. Die Schüler nehmen sich ein Buch und verfahren so, wie es im Einstieg beschrieben wurde. Zuerst liest Schüler 1 und Schüler 2 sagt „Stopp" und notiert die drei Reizwörter auf der Kopiervorlage. Anschließend liest Schüler 2, während Schüler 1 „Stopp" sagt und die Reizwörter notiert. Nun schreiben beide Schüler in Einzelarbeit ihre Geschichten auf. Für manche Schüler kann es hilfreich sein, wenn sie sich vor dem Geschichtenschreiben mit ihrem Partner beratschlagen. Dies kann den Schülern im Vorfeld angeboten werden, sollte aber individuell wählbar sein. Haben die Schüler ihre Geschichte beendet, lesen sie sie ihrem Partner vor. Ist dieser noch nicht mit Schreiben fertig oder haben beide ihre Geschichten gelesen und es bleibt immer noch Zeit, können sich die Schüler an den Reizwörtern des Partners probieren und eine Geschichte dazu schreiben.

3. Abschluss (15 Minuten)

Bitten Sie einzelne Schüler, ihre Geschichte vorzulesen. Da es bei der Reizwortgeschichte darauf ankommt, die Reizwörter zu beachten, ist hier ein Feedback angebracht. Die Vorleser wählen sich ca. drei Kinder aus, die ihnen Auskunft geben:

- Wurden alle Reizwörter genutzt?
- Wurden sie passend verwendet?
- Was war gelungen, wo könnte noch nachgebessert werden?

Meine Stopp-Geschichte

1. Wort: ....

2. Wort: ....

3. Wort: ....

STOPP

Name: ....

20. Sommer-Akrostichon

Darum geht's

Ein Akrostichon zum Thema „Sommer" in Anlehnung an das Bilderbuch „Frederick" von Leo Lionni schreiben

Das bereiten Sie vor

- Halten Sie das Bilderbuch „Frederick" von Leo Lionni bereit.
- Vervielfältigen Sie die Kopiervorlage „Sommer-Akrostichon" (S. 63) in Klassenstärke und kopieren Sie sie einmal auf Folie.
- Außerdem benötigen Sie einen Folienstift und einen Tageslichtprojektor.
- Optional: Stellen Sie Riechdöschen mit Sonnencreme, Lavendel- und Rosenblättern, eine Musik-CD mit Sommermusik, ein Blumenstrauß voller Sommerblumen, Bilder von Landschaften im Sommer (Blumenwiesen, Meer etc.) bereit.

Stundenverlauf

1. Einstieg (15 Minuten)

Treffen Sie sich mit den Schülern im Stuhlkreis. Lesen Sie den Schülern das Bilderbuch vor. Geben Sie die Riechdöschen herum, zeigen Sie die Sommerbilder und/oder stellen Sie die Musik an.
Fordern Sie die Schüler auf, alles, was ihnen zum Thema „Sommer" einfällt, zu nennen und halten Sie dies an einer Tafelseite mithilfe einer Mind-Map fest.
Leiten Sie zur Arbeitsphase über und erklären Sie den Schülern, dass es heute ihre Aufgabe ist, Frederick zu helfen. Frederick und die Mäuse haben nämlich in diesem Jahr beschlossen, noch viel mehr Sommerwörter zu sammeln und diese dann im Winter parat zu haben, wenn es wieder kalt und farblos wird.
Klappen Sie die Mind-Map an der Tafel zu. Die Mind-Map soll nur als Differenzierungshilfe dienen, wenn einem Kind gar nichts mehr einfällt.
Verteilen Sie die Kopiervorlage „Sommer-Akrostichon".

2. Arbeitsphase (20 Minuten)

Die Schüler füllen die Akrostichon-Vorlage aus. Sie können dies alleine, mit einem Partner oder in der Gruppe tun. Bestimmen Sie im Vorfeld, ob „Abgucken" bei anderen erlaubt ist oder nicht.

3. Abschluss (10 Minuten)

Legen Sie die Folie auf den Tageslichtprojektor. Lassen Sie sich zu jedem Buchstaben ein oder zwei Wörter von den Schülern nennen und füllen Sie die Akrostichon-Vorlage aus.
Schüler, die nicht zu jedem Buchstaben etwas gefunden haben, können nun ergänzen.

Sommer-Akrostichon

A ....

B ....

C ....

D ....

E ....

F ....

G ....

H ....

I ....

J ....

K ....

L ....

M ....

N ....

O ....

P ....

Q ....

R ....

S ....

T ....

U ....

V ....

W ....

X ....

Y ....

Z ....

Name: ....

21. Wie schmeckt der Sommer?

Darum geht's

Ein Parallelgedicht in Anlehnung an das Gedicht „Sommer" von Ilse Kleberger verfassen

Das bereiten Sie vor

Vervielfältigen Sie das Gedicht „Sommer" (S. 65) und die Kopiervorlage „Mein Gedicht" (S. 66) in Klassenstärke.

Stundenverlauf

Sie können diese Stunde nicht nur zu Weihnachten durchführen, sondern auch z. B. im Frühling/Herbst/Winter, vor den Ferien oder zu Karneval oder wenn gerade ein Volksfest oder eine Kirmes in Ihrer Stadt ist. Wichtig ist, dass es ein Zeitpunkt ist, an dem viele Sinneseindrücke möglich sind.

1. Einstieg (15 Minuten)

Bitten Sie die Schüler, die Augen zu schließen und zu versuchen, die Inhalte des Gedichtes mit allen Sinnen nachzuvollziehen.
Lesen Sie das Gedicht „Sommer" von Ilse Kleberger langsam und betont vor. Lassen Sie den Schülern zwischendurch genügend Zeit, um sich mit allen Sinnen auf den Inhalt einzustellen.
Lassen Sie die Schüler sich kurz zum Gedicht äußern, wenn sie dies möchten.
Leiten Sie dann zum aktuellen Thema über und erklären Sie den Schülern, dass sie heute ein Parallelgedicht (z. B. zum Thema „Weihnachten") schreiben sollen, das vom Aufbau her dem vorgelesenen Gedicht entspricht oder zumindest ähnelt. Sammeln Sie mit den Schülern zum gewählten Thema (z. B. Weihnachten) Begriffe, die Sie in Form einer Mind-Map an der Tafel festhalten.
Zusätzlich können Sie Dinge mitbringen, die die Sinne ansprechen (Weihnachten: gebrannte Mandeln, Gewürznelken, Duftkerzen, Tannenzweige, Mandarinen, Weihnachtsmusik etc.). Platzieren Sie diese z. B. auf einem Tisch, den alle Kinder von ihrem Platz aus sehen können.

2. Arbeitsphase (15 Minuten)

Verteilen Sie beide Kopiervorlagen an die Kinder. Die Schüler arbeiten alleine, zu zweit oder in Gruppen und können dabei als Hilfe auf die Mind-Map an der Tafel zurückgreifen.
Schüler, die die Aufgabe beendet haben, können das Schmuckblatt zum Gedicht passend verzieren.

3. Abschluss (15 Minuten)

Legen Sie alle Gedichte in zwei Reihen auf dem Boden aus, wobei darauf zu achten ist, dass die Gedichte so liegen, dass sie beim Vorbeilaufen im Kreis gelesen werden können (also eine Reihe liegt „auf dem Kopf"). Die Schüler laufen im Kreis und lesen die Gedichte.
Bitten Sie die Schüler, ihr Lieblingsgedicht (nicht ihr eigenes!) vorzulesen und zu sagen, was ihnen daran so gut gefallen hat.

Sommer

Weißt du, wie der Sommer riecht?
Nach Birnen und nach Nelken,
nach Äpfeln und Vergissmeinnicht,
die in der Sonne welken,
nach heißem Sand und kühlem See
und nassen Badehosen,
nach Wasserball und Sonnenkrem,
nach Straßenstaub und Rosen.

Weißt du, wie der Sommer schmeckt?
Nach gelben Aprikosen
und Walderdbeeren, halb versteckt
zwischen Gras und Moosen,
nach Himbeereis, Vanilleeis
und Eis aus Schokolade,
nach Sauerklee vom Wiesenrand
und Brauselimonade.

Weißt du, wie der Sommer klingt?
Nach einer Flötenweise,
die durch die Mittagsstille dringt,
ein Vogel zwitschert leise,
dumpf fällt ein Apfel in das Gras,
der Wind rauscht in den Bäumen,
ein Kind lacht hell, dann schweigt es schnell
und möchte lieber träumen.

Ilse Kleberger

Mein Gedicht

Weiß du, wie .... riecht?

....

....

....

....

....

Weiß du, wie .... schmeckt?

....

....

....

....

....

Weiß du, wie .... klingt?

....

....

....

....

....

Name: ....

22. Mein Kuscheltier

Darum geht's

Einen Brief an das eigene Kuscheltier schreiben

Das bereiten Sie vor

- Bitten Sie die Kinder, für diese Stunde, ihr Lieblingskuscheltier mitzubringen. Kopieren Sie dazu den Elternbrief (S. 68) in Klassenstärke. Falls Sie ein Klassentier haben, sollte dieses auch „anwesend" sein.
- Bringen Sie auch Ihr eigenes Kuscheltier mit. Eventuell sollten Sie weitere Kuscheltiere als Ersatz bereithalten, falls ein Kind sein Kuscheltier vergessen hat.
- Füllen Sie den Steckbrief für Ihr Kuscheltier aus, schreiben Sie einen Brief (S. 69) an Ihr Kuscheltier und legen Sie diesen bereit.
- Vervielfältigen Sie die Kopiervorlagen „Steckbrief für mein Kuscheltier" (S. 68) und „Brief an mein Kuscheltier" (S. 69) in Klassenstärke.

Stundenverlauf

1. Einstieg (10 Minuten)

Treffen Sie sich mit den Kindern im Sitzkreis. Jeder hat sein Kuscheltier dabei. Stellen Sie den Kindern Ihr eigenes Kuscheltier vor (Name, Eigenschaften, evtl. gemeinsames Erlebnis, wann Sie es bekommen haben, was es für Sie bedeutet). Bitten Sie die Schüler, nacheinander ebenfalls ihre Kuscheltiere kurz vorzustellen. Sammeln Sie mit den Kindern Adjektive für die Kuscheltiere („Erzählt mal, wie sind eure Kuscheltiere?") und halten Sie diese schriftlich an der Tafel fest.
Leiten Sie zur Arbeitsphase über und erklären Sie den Schülern, dass es heute ihre Aufgabe ist, ihrem Kuscheltier einen Brief zu schreiben und darin auszudrücken, wie sehr und warum man es so mag. Der Steckbrief hilft den Kindern dabei, sich auf den Brief vorzubereiten.
Hängen Sie den Steckbrief für Ihr Kuscheltier als Beispiel an die Tafel.

2. Arbeitsphase (25 Minuten)

- Verteilen Sie die Kopiervorlage „Steckbrief für mein Kuscheltier".
- Die Schüler bearbeiten die Kopiervorlage und holen sich anschließend die Kopiervorlage „Brief an mein Kuscheltier".
- Die Schüler schreiben den Brief und malen ein Bild von ihrem Kuscheltier.
- Schüler, die diese Kopiervorlagen bearbeitet haben, können sich, wenn sie wollen, mit anderen austauschen.

3. Abschluss (10 Minuten)

Lesen Sie den Schülern Ihren eigenen Brief vor. Geben Sie ihnen dann Gelegenheit, ihre Briefe vorzulesen (freiwillig und ohne Rückmeldung, da es sich um private Briefe mit hohem emotionalem Inhalt handelt). Erklären Sie den Schülern, dass es ein Briefgeheimnis gibt und daher niemand seinen Brief vorlesen muss, wenn er dies nicht möchte. Je nach Verhalten Ihrer Schüler kann es schön sein, die Kuscheltiere mit den Briefen für den Rest des Tages auszustellen (z. B. auf der Fensterbank) und den Kindern die Möglichkeit zu geben, die anderen Briefe zu lesen. Auch hier ist unbedingt auf Freiwilligkeit zu achten.

Elternbrief

Liebe Eltern der Klasse ....,

am .... möchte ich mit Ihren Kindern eine Übungsstunde zum kreativen Schreiben durchführen. Jedes Kind sollte dafür bitte sein Lieblingskuscheltier mit in den Unterricht bringen. Dieses sollte auf dem Schultisch des Kindes sitzen können, also nicht zu groß sein. Am Ende des Schultages bringen die Kinder die Kuscheltiere wieder mit nach Hause.

Vielen Dank für Ihre Mithilfe und herzliche Grüße

....

Kopiervorlage

Steckbrief für mein Kuscheltier

Mein Name: ....

Name meines Kuscheltiers: ....

Mein Kuscheltier ist ein: ....

Was ich an meinem Kuscheltier so mag:

....

....

....

....

So sieht es aus:

68 30 x kreatives Schreiben für 45 Minuten | Klasse 1/2
© Verlag an der Ruhr | Autorin: Nina Wilkening | ISBN 978-3-8346-3565-5 | www.verlagruhr.de

Brief an mein Kuscheltier

Liebes Kuscheltier ....,

So siehst du aus:

23. Müllmonster

Darum geht's

Fantasiespeisen und eine Fantasiegeschichte erfinden

Das bereiten Sie vor

- Vervielfältigen Sie die Kopiervorlage „Mannis Geburtstagsparty" (S. 72) in Klassenstärke.
- Halten Sie dieses Buch bereit, um die Geschichte „Müllmonsters Geburtstagsparty" (S. 71) vorlesen zu können.

Stundenverlauf

1. Einstieg (15 Minuten)

Lesen Sie den Schülern die Geschichte „Müllmonsters Geburtstagsparty" (S. 71) vor.
Bitten Sie die Schüler, zu überlegen, welche mülligen, essbaren Geschenke die Gäste wohl mitbringen könnten. Schreiben Sie einige Ideen auf. Da es sich um „Müllgerichte" handelt, dürfen sie richtig verrückt sein, z. B. Schrauben mit Ketchup, Plastikflaschen mit Klebeband oder alte Servietten mit Klebstoff.

Leiten Sie zur Arbeitsphase über: Lesen Sie den Lückentext von der Kopiervorlage „Mannis Geburtstagsparty" vor, wobei Sie die Lücken offen lassen. Erklären Sie den Schülern, dass sie die Lücken füllen und müllige Gerichte für die Speisekarte erfinden sollen. Wer mit diesen Aufgaben fertig ist, schreibt die Geschichte weiter und erzählt, wie den Gästen die Gerichte geschmeckt und was die Müllmonster an diesem Abend sonst noch erlebt haben.

2. Arbeitsphase (20 Minuten)

Die Schüler bearbeiten die Kopiervorlage „Mannis Geburtstagsparty" und erzählen zusätzlich von den weiteren Geschehnissen an diesem Abend.

3. Abschluss (10 Minuten)

Bitten Sie die Schüler, ihre Lösungen für die Geschenke, die Speisekarte und eventuell entstandene Geschichten vorzulesen.

Müllmonsters Geburtstagsparty

Manni von Müllheim ist das dickste und gefräßigste Müllmonster, das man sich nur vorstellen kann. Von morgens bis abends denkt Manni an nichts anderes als ans Essen. Zum Glück wohnt Manni direkt neben einer Müllhalde. Von dort kann er sich immer die wunderbarsten Müllmenüs zusammenstellen.
Aber Manni ist nicht nur das dickste und gefräßigste Müllmonster, er ist auch der beste Gastgeber, den man sich vorstellen kann. Und bald hat Manni Geburtstag. Dazu lädt er alle seine Freunde ein, die natürlich auch Müllmonster sind: Henrietta Müllmeier, Franz Müllhaber, Hugo von Müllstein und Marie Müllberger. Von allen hat sich Manni nur eines gewünscht: etwas Mülliges zum Essen.
Manni möchte seine Freunde, wie in jedem Jahr, mit ganz besonderen Leckerbissen verwöhnen und sucht deshalb die ganze Müllhalde ab. Und was er nicht alles findet: Schrauben, alte Socken, eine fast volle Tube Zahnpasta, verfaulte Gurken, Schuhcreme in braun und schwarz, einen Schwamm, eine Dose Teppichschaum. Manni läuft das Wasser im Munde zusammen bei diesen Köstlichkeiten.
In Gedanken beginnt er, eine Speisekarte zusammenzustellen. Als Vorspeise könnte er Schrauben mit Zahnpasta anbieten – oder sollte er lieber die alte Socke mit Teppichschaum füllen? Manni ist so in Gedanken versunken, dass er fast über eine verbeulte Gießkanne gestolpert wäre. Mmmhhh, die könnte er am Spieß braten und mit Motoröl übergießen. Welch ein Genuss!

Als Manni zu Hause angekommen ist, breitet er alle seine Schätze auf dem Fußboden aus. „Sehr schön“, strahlt er, „das wird ein Festmahl!“ Aber nun kommt die schwierigste Aufgabe: Manni muss sich entscheiden, wie er seine Speisekarte zusammenstellt. Welche mülligen Gerichte soll es geben? Das wird nicht einfach …

Abb.: © Anja Boretzki
© Verlag an der Ruhr | Autorin: Nina Wilkening | ISBN 978-3-8346-3565-5 | www.verlagruhr.de

Mannis Geburtstagsparty

Endlich ist der große Tag gekommen: Manni Müllmonsters Geburtstagsparty findet statt.
Als Erstes kommt Henrietta Müllmeier. Sie hat ein ganz besonderes Geschenk für Manni:

…………………………………………………………………………………………….

Manni freut sich sehr über Henriettas Geschenk und gibt ihr einen dicken Kuss. Anschließend kommen Hugo von Müllstein und Marie Müllberger. Auch sie haben sich viel Mühe bei der Auswahl des mülligen Geschenkes gegeben.
Sie bringen Manni …………………………………………………………………….
Etwas verspätet, wie immer, kommt schließlich auch noch Franz Müllhaber. Er ist zwar der letzte Gast, hat dafür aber auch das größte Geschenk dabei, nämlich

…………………………………………………………………………………………….

Manni ist sehr glücklich, dass er so tolle Freunde hat, die ihm so schöne Geschenke bringen.
Nun ist er dran, seine Gäste zu verwöhnen.
Er bittet sie zu Tisch und gibt jedem eine selbst geschriebene Speisekarte in die Hand. Auf der Speisekarte steht:

Mannis Geburtstagsmenü

Vorspeisen: ……………………………………………………………………

Hauptspeisen: …………………………………………………………………

Nachspeisen: …………………………………………………………………

Bitte wählt aus, was ihr essen wollt.

Euer Manni

Abb.: © Astrid Wilkesmann
© Verlag an der Ruhr | Autorin: Nina Wilkening | ISBN 978-3-8346-3565-5 | www.verlagruhr.de

24. Der Buchstabenfresser-Hund

Darum geht's

Eine Geschichte weiterschreiben

Das bereiten Sie vor

- Vervielfältigen Sie die Kopiervorlage „Poldi, der Buchstabenfresser-Hund" (S. 75) einmal auf Folie.
- Stellen Sie einen Tageslichtprojektor bereit.
- Vervielfältigen Sie die Kopiervorlage „Oma Lieschen und ihr Hund" (S. 74) in Klassenstärke.

Stundenverlauf

1. Einstieg (15 Minuten)

Zeigen Sie den Kindern zunächst nur das Bild vom Buchstabenfresser-Hund als Folie mit dem Tageslichtprojektor. Lassen Sie die Schüler vermuten, was es mit dem Hund auf sich haben könnte. Lesen Sie den Kindern die Geschichte vom Buchstabenfresser-Hund (S. 75) vor.
Leiten Sie zur Arbeitsphase über.
Besprechen Sie mit den Schülern die Aufgabe auf der Kopiervorlage (S. 74). Sie können diese gemeinsam auf der Folie lösen oder von den Kindern alleine während der Arbeitsphase lösen lassen.

2. Arbeitsphase (15 Minuten)

Die Schüler schreiben in Einzelarbeit die Geschichte vom Buchstabenfresser-Hund. Schüler, die schon fertig sind, warten an einem verabredeten Treffpunkt auf einen anderen Schüler und lesen ihm ihre Geschichte vor.
Die Schüler geben sich gegenseitig Feedback zu ihren Geschichten.

3. Abschluss (15 Minuten)

Sammeln Sie alle Geschichten ein. Mischen Sie den Papierstapel. Bitten Sie die Kinder, sich in Vierergruppen zusammenzufinden. Teilen Sie die Geschichten an die Gruppen aus. Jede Gruppe liest alle vier Geschichten und einigt sich auf eine Geschichte, die allen Gruppenmitgliedern am besten gefallen hat. Sammeln Sie die Favoriten-Geschichten ein und lesen Sie diese im Plenum vor oder lassen Sie die Gruppen die ausgesuchte Geschichte vorlesen. Geben Sie zum Schluss jedem Kind seine eigene Geschichte wieder zurück.

Oma Lieschen und ihr Hund

**Der Buchstabenfresser-Hund hat mal wieder zugebissen.
Was wollte Oma Lieschen wohl diesmal kaufen?**

Schreibe auf, was Oma Lieschen wirklich kaufen wollte:

Hundschuhe = ...

Ein Glas saure Schurken = ...

Ein Boot = ...

Kühlmittel = ...

Bittermilch = ...

Nudelpuppe = ...

Poldi, der Buchstabenfresser-Hund

Poldi heißt der Hund von Oma Lieschen. Poldi ist eigentlich ein ganz netter Kerl. Er schmust gerne, tobt gerne und trägt Oma Lieschen nach dem Einkauf die Einkaufstasche im Maul nach Hause. Leider hat Poldi aber auch eine sehr schlechte Eigenschaft: Er liebt es, Einkaufszettel zu zerreißen. Jedes Mal, wenn Oma Lieschen den Einkaufszettel geschrieben hat, schnappt Poldi ihn sich und reißt ihn in tausend Stücke.
Oma Lieschen hat schon alles probiert, sie hat den Zettel in die Hosentasche gesteckt, unters Sofakissen gelegt und sogar zum Zähneputzen mit ins Bad genommen. Poldi hat sie jedes Mal ausgetrickst. Und weil Oma Lieschen meist keine Zeit mehr hat, einen neuen Einkaufszettel zu schreiben, weil der Bus bald kommt, nimmt Oma Lieschen einfach die Reste des Einkaufszettels mit und hofft, dass sie sich im Supermarkt an alles erinnern kann.
Meist gelingt ihr das aber nicht, sie ist ja schließlich auch schon eine Oma, da darf man mal vergesslich sein.
Und dann kommt es vor, dass Oma Lieschen ganz andere Sachen einkauft, als sie eigentlich wollte.
Heute zum Beispiel …

25. Angelwörter-Geschichten

Darum geht's

Eine Reizwortgeschichte schreiben

Das bereiten Sie vor

- Kopieren Sie die Wortkarten „Angelwörter" (S. 77) 2-mal, schneiden Sie sie aus und versehen Sie sie mit magnetischen Büroklammern. Es sollten genügend Wortkarten vorhanden sein, sodass jede Schülergruppe mindestens drei Karten angeln kann.
- Halten Sie zwei Angeln, bestehend aus je einem Stab (z. B. Laternenstab), einem Stück Schnur und einem Magneten, der die Büroklammern anzieht, bereit.
- Vervielfältigen Sie die Kopiervorlage „Meine Angelwörter-Geschichte" (S. 78) in Klassenstärke.
- Stellen Sie zwei Eimer, in denen jeweils die Hälfte der Wortkarten gesammelt wird, bereit.

Stundenverlauf

Sie können die Angelwörter der Kopiervorlage nutzen oder eigene schreiben, die dem Wortschatz Ihrer Schüler angepasst sind oder zu einem aktuellen Thema (z. B. aus dem Sachunterricht) passen.

1. Einstieg (15 Minuten)

Bitten Sie nacheinander drei Kinder zu sich, die mit der Angel jeweils ein Angelwort angeln. Schreiben Sie die Angelwörter an die Tafel und geben Sie die Wortkarten anschließend wieder in den Eimer. Bitten Sie die Schüler, sich zu diesen Wörtern eine Geschichte auszudenken. Leiten Sie zur Arbeitsphase über.
Verteilen Sie die Kopiervorlage „Meine Angelwörter-Geschichte". Teilen Sie die Klasse in Gruppen mit jeweils drei Schülern ein. Jedes Kind darf einmal angeln und nimmt seine Wortkarte mit in die Gruppe. Alle Gruppenmitglieder schreiben sich die Angelwörter auf und bringen anschließend die Wortkarten in die Eimer zurück.

2. Arbeitsphase (20 Minuten)

Die Schüler schreiben in Einzelarbeit ihre Geschichte und stellen sie danach ihren Gruppenmitgliedern vor. Sollte noch Zeit übrig sein, können die Gruppen erneut angeln gehen.

3. Abschluss (10 Minuten)

Lassen Sie zunächst kurz die Arbeit in der Gruppe reflektieren. Bitten Sie anschließend einzelne Gruppen, ihre drei Geschichten vorzulesen.

Angelwörter

Der Hund	abends	backen	traurig
Die Katze	morgens	schlafen	fröhlich
Die Maus	Eines Tages	turnen	lustig
Papa	An Ostern	schenken	böse
Der Fischer	gestern	verkaufen	niedlich
Die Lehrerin	Letzten Sommer	zaubern	gemein
Opa	Vor langer Zeit	wünschen	erstaunlich
Die Fee	Neulich	regnen	tatsächlich
Ich	Früher	weinen	unglaublich
Der Riese	Bald	lachen	friedlich

Kopiervorlage

Meine Angelwörter-Geschichte

Das sind meine Gruppenpartner:

....

Das sind unsere Angelwörter:

① .... ② .... ③ ....

Das ist meine Geschichte:

Name: ....

Abb.: © Bettina Weyland
© Verlag an der Ruhr | Autorin: Nina Wilkening | ISBN 978-3-8346-3565-5 | www.verlagruhr.de

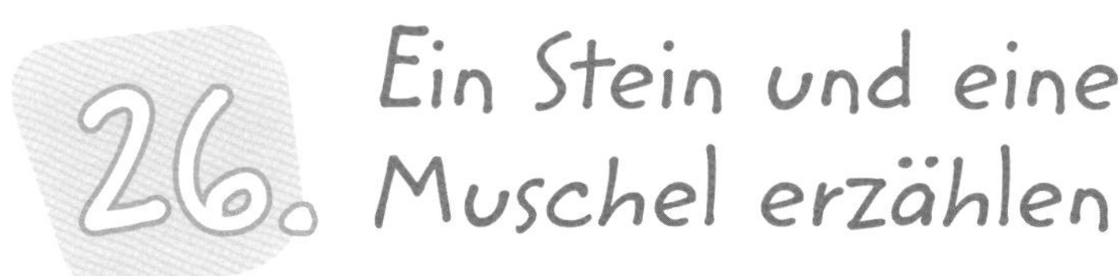

26. Ein Stein und eine Muschel erzählen

Darum geht's

Eine Fantasiegeschichte schreiben

Das bereiten Sie vor

- Bringen Sie möglichst viele Muscheln mit, z. B. für jede Tischgruppe eine oder, wenn möglich, für jedes Kind eine Muschel.
- Optional: eine große Muschel, die man ans Ohr halten kann, für die Einstiegsphase.
- Jedes Kind benötigt einen Stein, evtl. können die Kinder die Steine auch vorher selbst sammeln.
- Vervielfältigen Sie die Kopiervorlagen „Eine Muschel erzählt" (S. 81) und/oder „Ein Stein erzählt" (S. 80) in Klassenstärke.

Stundenverlauf

Sie können entweder nur den Stein bzw. die Muschel wählen oder beide mitbringen und den Kindern die Auswahl überlassen.

1. Einstieg (15 Minuten)

Treffen Sie sich mit den Kindern im Stuhlkreis. Geben Sie jedem Kind eine Muschel in die Hand. Alternativ können Sie auch eine einzige große Muschel herumgeben, die die Kinder ans Ohr halten können, um ihr Rauschen zu hören. Bitten Sie die Kinder, zu beschreiben, was sie denken und fühlen, während sie die Muschel in der Hand halten. Einige Kinder, werden vermutlich auch von sich aus erzählen, wie sie schon einmal Muscheln gesammelt haben. Verteilen Sie die Steine und bitten Sie erneut um Schilderung der Gefühle und Eindrücke.
Fordern Sie die Schüler auf, sich Gedanken zu machen, wo der Stein gelegen haben könnte und was er so den ganzen Tag „erlebt", d. h. wer an ihm vorbeigeht, wie er sich zu unterschiedlichen Tageszeiten anfühlt etc. Leiten Sie zur Arbeitsphase über und erklären Sie den Schülern, dass diese aus der Sicht einer Muschel oder eines Steines schreiben sollen.

2. Arbeitsphase (25 Minuten)

Die Schüler entscheiden sich für Stein oder Muschel und schreiben auf die entsprechende Kopiervorlage ihre Geschichte. Zur Anregung dürfen die Schüler die Materialien in die Hand nehmen, ans Ohr halten und ihnen zuhören. Schüler, die fertig sind, gestalten die Kopiervorlage oder schreiben auch noch aus der Sicht des anderen Naturmaterials.

3. Abschluss (5 Minuten)

Kommen Sie mit den Schülern im Stuhlkreis zusammen. Die Schüler bringen ihr gewähltes Naturmaterial und ihren Text mit. Bitten Sie freiwillige Schüler, ihre Texte vorzulesen.

Ein Stein erzählt

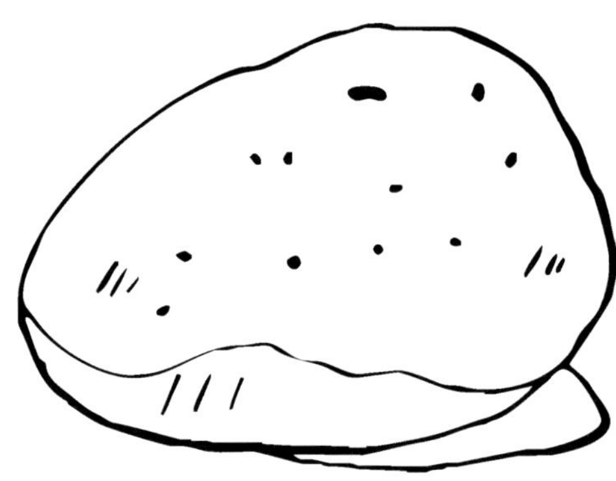

Ich bin ein Stein.
Ich bin schon viele Tausend Jahre alt …

Name: ....

Abb.: © Anja Boretzki
© Verlag an der Ruhr | Autorin: Nina Wilkening | ISBN 978-3-8346-3565-5 | www.verlagruhr.de

Eine Muschel erzählt

Ich bin eine Muschel.
Ich liege tief unten im Meer …

Name: ....

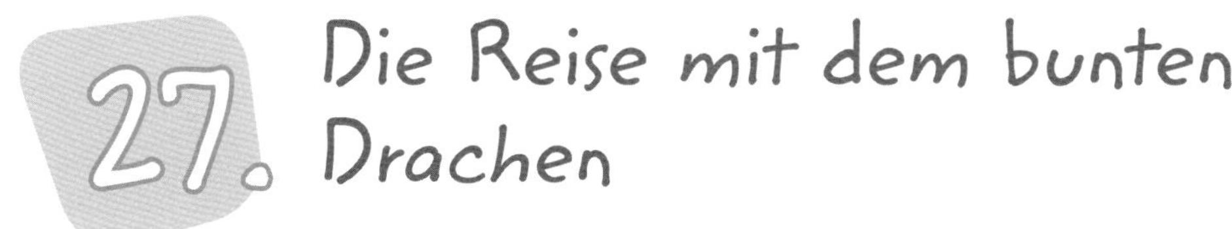

27. Die Reise mit dem bunten Drachen

Darum geht's

Eine Geschichte zu einem vorgegebenen Anfang schreiben

Das bereiten Sie vor

- Vervielfältigen Sie die Kopiervorlagen „Bastelanleitung für einen Drachen" (S. 83) und „Die Reise mit dem bunten Drachen" (S. 84) in Klassenstärke.
- Jeder Schüler benötigt eine Schere, eine Schnur, Krepp-Papier und Klebebandstreifen.
- Basteln Sie zu Hause einen Drachen, um ihn zeigen zu können.

Stundenverlauf

1. Einstieg (10 Minuten)

Zeigen Sie den Schülern Ihren gebastelten Drachen und bitten Sie die Schüler, davon zu berichten, wie sie schon einmal einen Drachen haben steigen lassen. Lesen Sie den Geschichtenanfang („Die Reise mit dem bunten Drachen" S. 84) vor und sammeln Sie ein paar Ideen, was man alles sehen und erleben kann, wenn man an einem Drachen hängend durch die Welt fliegen würde. Leiten Sie zur Arbeitsphase über.

2. Arbeitsphase (30 Minuten)

Die Schüler basteln zunächst ihren Drachen und schreiben danach ihre Geschichte auf. Achten Sie darauf, dass die Schüler spätestens nach 20 Minuten mit dem Basteln aufhören und mit dem Schreiben beginnen. Schüler, die mit Basteln und Schreiben fertig sind, können ein Bild malen, das zur Geschichte passt.

3. Abschluss (5 Minuten)

Legen Sie die Drachen und Geschichten auf den Schülertischen aus. Alle Schüler gehen herum, gucken sich die Arbeiten der anderen an und lesen sich einzelne Geschichten durch.

Bastelanleitung für einen Drachen

1 2 3

4 5

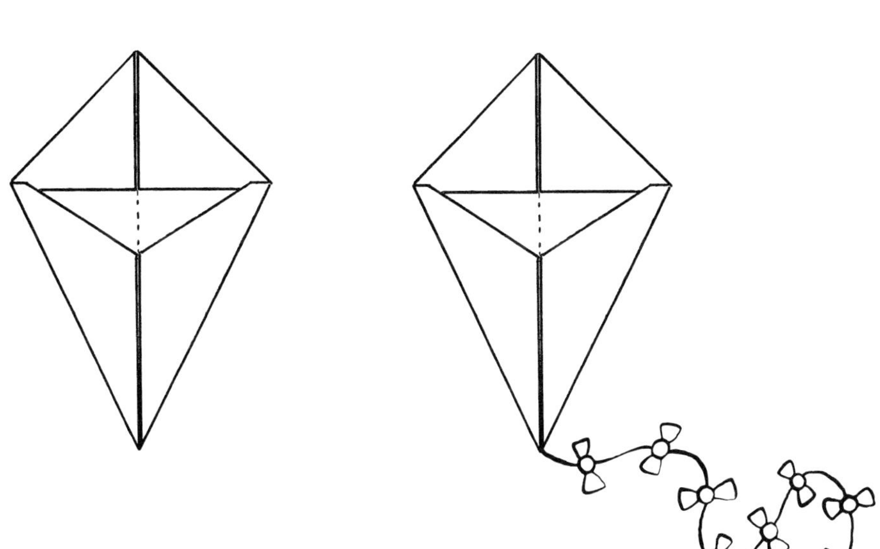

Zu Schritt 5:

- Schneide 3 Stück Krepp-Papier aus (Rechteck).
- Nimm ein Stück Krepp-Papier und klebe es in der Mitte mit Klebeband zusammen. So entsteht eine Schleife.
- Stelle so ein paar Schleifen her.
- Binde sie dann untereinander an deine Schnur.

© Verlag an der Ruhr | Autorin: Nina Wilkening | ISBN 978-3-8346-3565-5 | www.verlagruhr.de

Die Reise mit dem bunten Drachen

Es war ein stürmischer Tag.
‚Genau richtig, um meinen neuen Drachen auszuprobieren',
dachte ich mir. Ich zog mich schnell an, packte meinen Drachen
und rannte aus dem Haus.
Ganz in der Nähe gab es einen kleinen Hügel,
von dort aus wollte ich den Drachen steigen lassen.
Der Sturm wurde immer stärker,
aber das störte mich nicht.
Ich breitete meinen Drachen aus und
hielt ihn in den Wind.
Die Schnur rollte sich viel schneller ab,
als ich es erwartet hätte.
Der Wind zog meinen Drachen immer weiter.
Ich konnte ihn kaum noch halten.
Da passierte es: Eine Windböe kam und riss uns weg –
uns, den Drachen und mich …

Abb.: © Eva Spanjardt
© Verlag an der Ruhr | Autorin: Nina Wilkening | ISBN 978-3-8346-3565-5 | www.verlagruhr.de

28. Piraten-Post

Darum geht's

Einen Brief zu einer Geschichte schreiben

Das bereiten Sie vor

- Für jedes Kind benötigen Sie eine ausgewaschene, trockene Liter-Flasche mit Namensschild.
- Stellen Sie eine leere Flasche zum Demonstrieren bereit.
- Optional: Vervielfältigen Sie den Lesetext „Post vom kleinen Piraten Piet" (S. 86) in Klassenstärke.
- Vervielfältigen Sie die Kopiervorlagen „Die Flaschenpost" (S. 87) und „Die Flaschenpost – Schreibtipps" (S. 88) in Klassenstärke.

Stundenverlauf

1. Einstieg (15 Minuten)

Zeigen Sie den Schülern die leere Flasche und fragen Sie sie, was man mit solch einer Flasche alles machen kann. Lesen Sie den Kindern die Geschichte „Post vom kleinen Piraten Piet" vor. Bitten Sie die Schüler, zuerst in einer Murmelphase von zwei Minuten mit einem Partner zu überlegen, welche Idee der kleine Pirat wohl haben könnte. Danach stellen die Schüler diese Ideen im Plenum vor.
Leiten Sie zur Arbeitsphase über und erklären Sie den Schülern, dass sie den Brief an die Mama im Namen des kleinen Piraten weiterschreiben sollen.
Verteilen Sie die Kopiervorlage „Die Flaschenpost".

2. Arbeitsphase (20 Minuten)

Die Kinder schreiben in Einzelarbeit den Flaschenpost-Brief. Schüler, die damit fertig sind, schreiben einen Antwortbrief der Mama oder erzählen in einer Geschichte, wie es weiterging.
Kinder, denen auch nach längerer Zeit nichts einfällt, dürfen sich Anregungen von der Kopiervorlage „Die Flaschenpost – Schreibtipps" holen.

3. Abschluss (10 Minuten)

Verteilen Sie die Flaschen an die Schüler. Jeder steckt seine Flaschenpost in seine Flasche. Dann werden die Flaschen so in einen Kreis gestellt, dass man die Namensschilder nicht lesen kann. Bestimmen Sie ein Kind, das eine Flasche auswählt. Holen Sie den Brief heraus und lesen Sie ihn vor. Lassen Sie den Schülern die Möglichkeit, sich zum Brief zu äußern. Stecken Sie den Brief zurück, ohne das Geheimnis, wer der Verfasser ist, zu lüften. Lesen Sie mehrere Briefe vor.

Post vom kleinen Piraten Piet

Der kleine Pirat Piet hatte es satt: Er segelte Tag um Tag und Jahr für Jahr auf allen sieben Weltmeeren herum. Immer alleine, immer weit weg von seinen Freunden und seiner Familie. Nur ab und zu mal verschlug es ihn auf seine Heimatinsel. Dann gab es ein großes Wiedersehen. Alle freuten sich, dass Pirat Piet wieder einmal zu Hause war. Am allermeisten freute sich seine Mama: „Dieses Mal bleibst du aber zu Hause und fährst nicht wieder hinaus in die Welt. Versprich mir das!", bat sie ihn jedes Mal, während sie ihm einen großen Teller der weltbesten Spaghetti reichte. Denn die weltbesten Spaghetti, die konnte nur seine Mama kochen. „Klar!", antwortete der kleine Pirat Piet schmatzend. In diesem Moment wollte er auch wirklich für immer zu Hause bei seiner Mama und seinen Freunden bleiben. Aber nur wenige Tage später zog es ihn schon wieder hinaus aufs Meer. Das war jedes Mal so. Er vermisste die salzige Seeluft und die nassen Wellen, die gegen sein kleines Piratenschiff klatschten. Und außerdem gab es keinen Ort auf der Welt, an dem er sich freier fühlte als auf dem Meer. Nur dort konnte man gucken und gucken und gucken und sah trotzdem nur Meer, nichts als Meer. Zu schön war das. Wenn den kleinen Piraten dieses Gefühl packte, dann konnte er nicht anders. Er musste seine Sachen nehmen, die Tränen in den Augen seiner Mama ertragen und auf sein Schiff steigen. Tja, so war das. Und wenn er dann die ersten Wochen gesegelt war, vielleicht ein Schiff ein bisschen ausgeräubert hatte – er stahl übrigens immer nur ein bisschen, er wollte den Leuten ja nicht wirklich schaden – dann kam irgendwann wieder das Heimweh und das Gefühl, dass alles doof ist, so weit weg von zu Hause. Dann holte er seine Schatztruhe hervor und nahm die goldenen Ketten und Ohrringe in die Hand und stellte sich vor, wie sie seiner Mama wohl stehen würden. Und dann wurde er ganz, ganz traurig …

Eines Tages aber, als er wieder so traurig dasaß, hatte er plötzlich eine wunderbare Idee. Schnell griff er zu einem Papier und einem Stift. Er schrieb seiner Mama eine Flaschenpost und stellte ihr seine Idee vor. Seine Mama würde sich sicher freuen. ‚Was die für Augen machen wird', dachte er bei sich und ein Strahlen ging über sein Gesicht.

Abb.: © Anja Boretzki
© Verlag an der Ruhr | Autorin: Nina Wilkening | ISBN 978-3-8346-3565-5 | www.verlagruhr.de

Die Flaschenpost

Meine über alles geliebte, gute Mama,

heute war ich wieder sehr traurig, weil ich dich und die anderen so vermisse. Da kam mir eine wunderbare Idee. Pass einmal auf:

Name: ....

Die Flaschenpost – Schreibtipps

Du weißt nicht weiter?
Wie wäre es mit einer dieser Ideen …

… der kleine Pirat Piet lädt zu einem großen Fest ein:
Mama soll auf die Insel kommen und alle Freunde und eine riesige Portion Spaghetti mitbringen.

… der kleine Pirat Piet kauft sich einen Computer und schenkt seiner Mama auch einen. So können sie immer miteinander telefonieren und sich auf dem Bildschirm ansehen.

… der kleine Pirat Piet fragt seine Mama, ob sie ihn nicht für eine Weile auf dem Schiff begleiten will. Er schwärmt ihr vor, was er ihr alles zeigen möchte.

29. Umgekehrtgestalten

Darum geht's

Eine Geschichte in Anlehnung an das Gedicht „Udakak und Lidokork" von Paul Maar schreiben

Das bereiten Sie vor

Vervielfältigen Sie die Kopiervorlagen „Alles verkehrt herum?" (S. 90) und „Meine Umgekehrtgestalten" (S. 91) in Klassenstärke.

Stundenverlauf

1. Einstieg (15 Minuten)

Lesen Sie den Kindern das Gedicht von S. 90 vor.
Bitten Sie die Kinder dann, verschiedene Gestalten oder Figuren, die in einer Geschichte mitspielen können, mit ihren Umkehrungen (also: Oma/Amo) an die Tafel zu schreiben.
Fordern Sie die Kinder auf, sich Geschichtenplots zu überlegen, in denen eine Umkehrung eine Rolle spielen könnte (z. B. eine Verzauberung etc.).
Leiten Sie zur Arbeitsphase über und verteilen Sie die Kopiervorlagen.

2. Arbeitsphase (20 Minuten)

Die Schüler bearbeiten beide Kopiervorlagen in Einzelarbeit. Die Schüler wählen frei, in welcher Textform sie schreiben möchten.
Schüler, die mit dem Schreiben ihres freien Textes fertig sind, treffen sich mit anderen an einem vereinbarten Ort im Klassenzimmer, stellen sich gegenseitig ihre Texte vor und geben sich ein Feedback.

3. Abschluss (10 Minuten)

Sammeln Sie alle Texte ein. Teilen Sie die Schüler in Gruppen ein. Verteilen Sie die Texte an die Schüler.
Jede Gruppe liest die zugeteilten Texte und sucht ihren Lieblingstext aus.
Bitten Sie die Gruppen, nacheinander ihre Lieblingstexte im Plenum vorzulesen.

Alles verkehrt herum?

Udakak und Lidokork

Ein großes, grünes Lidokork,
das badete im Nil.
Dann stieg es rückwärts aus dem Fluss –
und war ein Krokodil.
Da rennt zum kleinen Udakak
das grüne Ungetüm.
„Flieg rückwärts aus dem Wald heraus!“,
befiehlt es ungestüm.
Der Kleine schüttelte den Kopf.
Er war zu faul dazu.
Drum wurde aus dem Udakak
niemals ein Kakadu.

Paul Maar

Verbinde die Figuren mit ihren Umgekehrtnamen.

Oma ○	○ Rerhel
Papa ○	○ Dnuh
Lehrer ○	○ Effa
Zebra ○	○ Amo
Esel ○	○ Beid
Affe ○	○ Arbez
Hund ○	○ Eztak
Reh ○	○ Exeh
Katze ○	○ Apap
Dieb ○	○ Lese
Hexe ○	○ Her

Meine Umgekehrtgestalten

30. Knetmonster-Geschichten

Darum geht's

Steckbriefe und Geschichten zu einer selbst gestalteten Knetfigur schreiben

Das bereiten Sie vor

- Halten Sie Knetmasse für jeden Schüler und für Sie zum Vorführen bereit.
- Vervielfältigen Sie die Kopiervorlagen „Mein Knetmonster" (S. 93) und „Meine Knetmonster-Geschichte" (S. 94) in Klassenstärke.
- Optional: Halten Sie Schuhkartons, Materialien, wie Blätter, Stoffreste, Pappe, Moos etc., bereit, um ein Diorama zu erstellen.

Stundenverlauf

Die Stunde kann, wenn die Knetzeit einberechnet wird, bis zu 90 Minuten dauern. Sollten die Schüler vorher fertig sein, können sie mit weiteren Materialien, z. B. Naturmaterialien wie Gras, Moos, Stöcken etc., in einem Karton eine Knetmonsterumgebung (Diorama) bauen.

1. Einstieg (5 Minuten)

Nehmen Sie etwas Knete in die Hand und formen Sie daraus ein Knetmonster. Bitten Sie die Kinder, Ihnen Vorschläge für einen Namen für Ihr Knetmonster und die anderen Angaben, die auf dem Steckbrief S. 93 benötigt werden, zu machen. Entscheiden Sie sich und erzählen Sie eine Geschichte von Ihrem Knetmonster.
Leiten Sie zur Arbeitsphase über.

2. Arbeitsphase (30 Minuten)

Die Schüler kneten zunächst ein eigenes Knetmonster. Im Anschluss füllen Sie den Steckbrief aus und schreiben eine Knetmonster-Geschichte.
Schüler, die fertig sind, bauen ihrem Knetmonster ein Diorama.

3. Abschluss (10 Minuten)

Stellen Sie die Knetmonster zusammen mit den Steckbriefen und den Geschichten aus und lassen Sie die Kinder die fertigen Produkte in einem Museumsgang bewundern (eventuell können Sie dazu auch eine Nachbarklasse einladen?). Fragen Sie die Schüler, welches Knetmonster oder welche Geschichte ihnen am besten gefallen hat. Lesen Sie die Geschichte vor oder bitten Sie das Kind, das die Geschichte geschrieben hat, diese vorzulesen.

Mein Knetmonster

Mein Knetmonster heißt: ....

Es ist:

- ☐ männlich
- ☐ weiblich
- ☐ ein Kind
- ☐ ausgewachsen

So sieht mein Knetmonster aus:

So ist mein Knetmonster (zum Beispiel nett, böse, lustig ...):

Hier wohnt es:

Das macht mein Knetmonster den ganzen Tag:

Davon handelt meine Knetmonster-Geschichte:

Meine Knetmonster-Geschichte

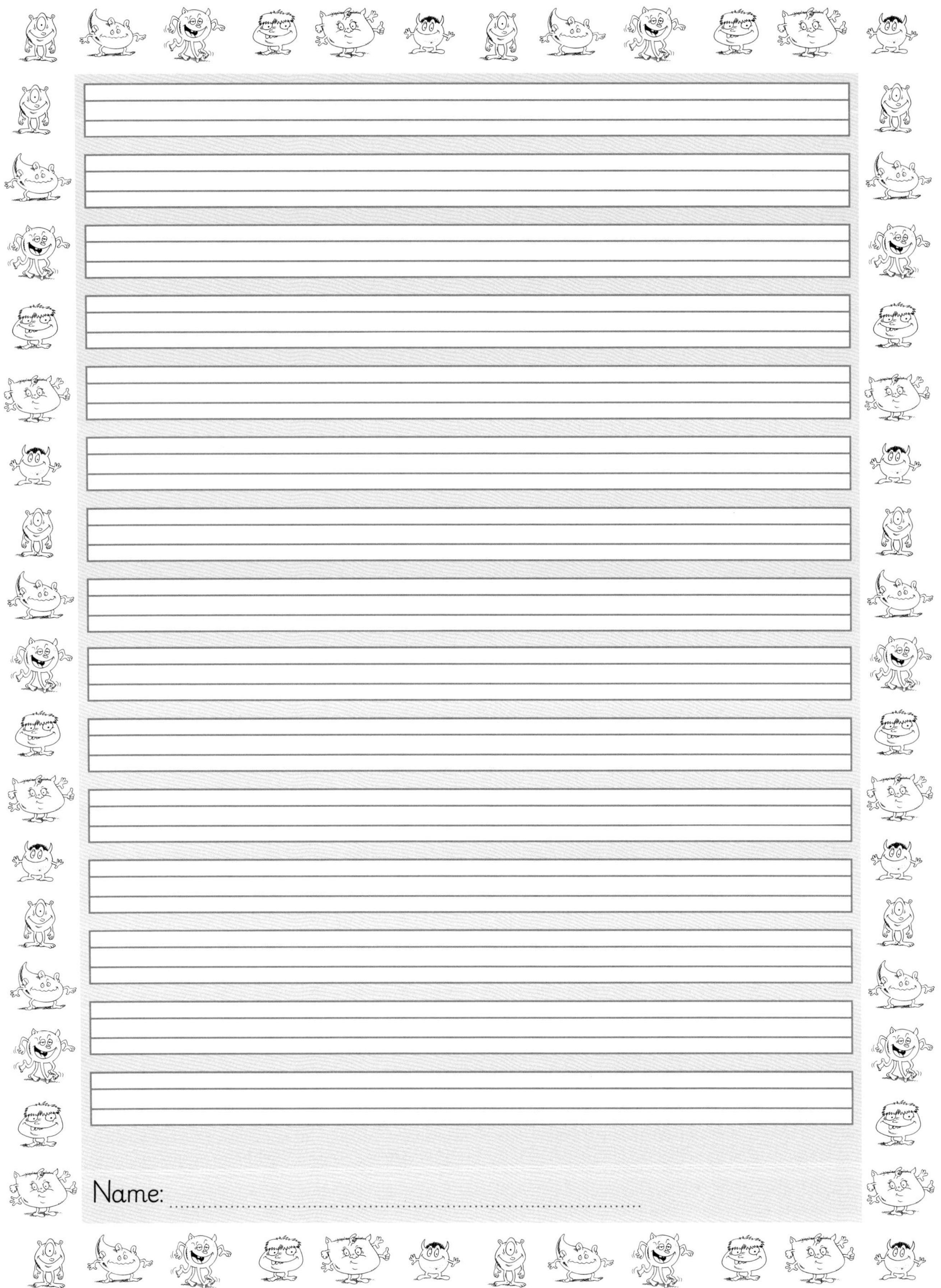

Abb.: © Norbert Höveler
© Verlag an der Ruhr | Autorin: Nina Wilkening | ISBN 978-3-8346-3565-5 | www.verlagruhr.de

Name: ....

Name:

